现代美育理论及其教育实践探索

焦豫丹　著

汕头大学出版社

图书在版编目（CIP）数据

现代美育理论及其教育实践探索 / 焦豫丹著. -- 汕头 : 汕头大学出版社，2023.3
ISBN 978-7-5658-4975-6

Ⅰ. ①现… Ⅱ. ①焦… Ⅲ. ①美育—教育研究 Ⅳ. ①G40-014

中国国家版本馆CIP数据核字（2023）第048857号

现代美育理论及其教育实践探索
XIANDAI MEIYU LILUN JIQI JIAOYU SHIJIAN TANSUO

作　　者：焦豫丹
责任编辑：陈　莹
责任技编：黄东生
封面设计：古　利
出版发行：汕头大学出版社
　　　　　广东省汕头市大学路 243 号汕头大学校园内　邮政编码：515063
电　　话：0754-82904613
印　　刷：廊坊市海涛印刷有限公司
开　　本：710mm×1000 mm　1/16
印　　张：7.5
字　　数：100 千字
版　　次：2023 年 3 月第 1 版
印　　次：2023 年 5 月第 1 次印刷
定　　价：46.00 元
ISBN 978-7-5658-4975-6

前　言

美育作为素质教育的有机组成部分，有助于全面提高教育质量，塑造学生人格。同时，美育作为一种实践教育活动和思想意识，其本质意义在于"它不仅是人类认识世界、改造世界的重要手段，也是实现人类自身美化、塑造完美人格的重要途径。它的任务是要培养人的审美意识、审美观点，提高人的审美能力和创造美的能力，从而塑造审美的人生境界，培养和谐完美的人格"。音乐美育，即音乐审美教育，其价值观是基于社会共同体的个人和主体的需要。舞蹈不仅能够给人带来一种美的熏陶，还可以使人身心愉悦，精神境界得到提升，能够与美育内在的要求很好地吻合在一起。进行舞蹈教育能够收获良好的美育效果，即舞蹈教育具有相应的美育功能。舞蹈教育能够提高学生表现美、欣赏美、感受美、创造美的能力。

美育是全面发展教育的重要组成部分，是学校教育的重要内容。美育对于促进学生全面综合发展具有重要作用，是塑造大学生完美人格的重要途径。本书主要研究现代美育理论及其教育实践探索，从美的本质介绍入手，针对美育基础理论进行了分析研究，另外对舞蹈美育、音乐美育做了一定的介绍；还对美育教育实施路径进行了阐述。希望本书可以让现代美育教育工作者能进一步加强与改进高校美育工作，使美育成为全面发展教育的中坚力量。本书对高校美育教育的创新有一定的借鉴意义。

由于现代美育理论及其教育实践研究内容广泛，具有较强的综合性和应用性，加之编者水平有限，时间仓促，书中错误和不妥之处在所难免，敬请读者批评指正，以便今后进一步修改，使之日臻完善。

目　录

第一章　美的本质

第一节　美的特征

一、形象性

美是形式和内容的统一，它的内容都要通过不同的外在形式表现出来。通过外在的形式，表达内在的情感，这两者统一地构成了完整的形象。

我们在欣赏美的事物的时候，总是从美的事物的形状、色彩和声音等具体形象中获得美的享受。自然界中日月星辰、名山大川、花草树木、飞鸟游鱼等，无论是静态还是动态，都以其自然的感性形式令我们赏心悦目、浮想联翩；社会生活中的场景，如气吞山河的治河围海、惊心动魄的卫星发射、运动健儿的龙腾虎跃、儿童们活泼欢乐的嬉戏、游人花前月下的悠闲自得等，从不同角度反映了生活的美。

大自然中，一切美的东西都是具有形象的，太阳喷薄而出、大海碧波荡漾、森林郁郁苍苍、泉水叮咚、小鸟啁啾等，这一切都有其颜色、声音、形状等感性形式，人总是通过这些感性形式看到它们、听到它们，它们有一个共同的特征，那就是具体可感的。如果离开了这些形式，美就无从谈起了。

人类社会中，最核心的美是人的美，人的美无论是身材、相貌，还是心灵，也都是具有感性形式的。我们常说某人心灵美的体现不外乎语言和行为两个方面，语言是我们可以听到的，行为是我们可以看到的，因此，心灵美也并非抽象的，而是有其具体可感的形象的，比如，我们赞扬的雷锋精神之美，就是从他平凡而伟大的事迹中所感知的，即从他的言行中所感知的。

艺术作品里的美，也都具有形象。艺术中最抽象的就是音乐，而音乐也是非常善于"绘景"的。

二、感染性

感染性也是美的特性之一。意美以感心,音美以感耳,形美以感目。美的事物直接作用于人的感官,使人们在精神上得到审美愉悦。

既然美的存在是具体的、形象的,因此,美首先诉诸的是人的情感而非人的理智。换句话来讲,我们在欣赏事物的美的时候,并不是先从理论上知道它是美的、是值得欣赏的,而是在内心深处由内而外产生的一种情感上的冲动,是在精神上获得了愉悦和满足。

美的事物之所以可以给人以愉悦感和感染力,不仅仅是因为它有美丽的、悦人的外表,还因为丰富的内涵充实了美的形式。对象所以能成为审美对象,进而触发人的审美情感,最本质的原因在于它是人类劳动的产物,这个对象的产生是人的本质力量的体现。从这一对象的创作过程中,人们感受到了同样作为人类的作者的创造才能、生活经验,进而感受到了人类的本质力量;从这一对象带来的美感上,人们体会到人类本质的崇高。因此,在这个意义上,美是人的本质力量的感性显现。

美的事物是内外统一而成的。具体而言,美的感染性是其外在形式和内在本质共同作用而成的;如果美的内容空洞,美的事物就无法打动人;如果美的形式不存在,那么美的内容就无法通过有效的途径来感染人。

三、社会性

自然美是在人类社会出现后才产生的,其根源是人类的生产劳动实践。自然美具有社会性质,本身包含了人的本质对象化,它是一种"人化的自然",自然或自然物的属性因此变成了对人类实践有用、有利、有益的属性,包括审美属性。这种审美属性才是自然物之所以美的一个因素。因此,我们判断某一自然物美不美,是依据它的社会性不同,与人类生活关系的不同,它在人类生活中所占地位、所起作用的不同。太阳赐予人类以光明,因而是美的。可见,自然美的社会性是人类劳动生产实践所赋予的,是人类社会的产物。

自然美最初是与它的直接功利性质连在一起的,自然美的功利性是十分明显的。与功利性无关的自然物,与经济生活没有联系的自然物,在原始人心目中是没有地位的。原始人最初的巫术礼仪活动、原始歌舞、绘画、音乐,多以对于他们有用的动物和植物为题材内容，如野牛、山羊、种植的谷物，而今天看来很美的山花、野草并没有进入他们的视野，原始人的美感经验也是直接与自然物的物质功利性紧密联系在一起的。随着人类实践活动的不断扩展深入，人类审美意识的觉醒，一些并不具备物质功利性的东西渐渐地也成了人们审美的对象。

自然美有其社会性。人是社会的主体，社会生活的美以人为核心。艺术美由人创造，所表现的也是人的生活、人的情感。即使是自然事物的美，也蕴含着人类的创造性，这是因为自然事物的美需要由人来发现、欣赏。自然美在于它的自然属性同人类生活劳动的实际联系，而且自然事物的审美价值离不开人的欣赏，离不开人欣赏中的创造性发挥，如想象、移情等。

四、功利性

美的功利性，是指美的事物的价值，是与美的社会内容联系的内在属性。一般认为，美是用来欣赏的，跟人的实际需要没有什么关系，是超功利的存在，但是在实际中，美是具有社会功利性的，其社会功利性不是直接可以观察到的，而是隐藏于其表象之后的，是很难直接感受到的一种内在属性。

美的功利性蕴含在审美活动之中。美在产生之初是被人们等同于实用功利的，因为其一开始就产生于实用功利。后来，随着社会的不断发展和人们认知的提高，人们逐渐将美和实用功利分开来，但没有改变的是，美始终是受到实用的制约的。

美的功利性根源于人类的物质需求。因此，在感知自然美与社会美中美的功利性较为明显，而在欣赏艺术美时美的功利性往往是被遮蔽的，这是因为人与自然、人与社会的关系有直接的物质性，而艺术美的物质性通常是间接的。

五、创造性

美的创造性突出表现在美是创新的产物。因为美来源于人类自由自觉的实践活动，是人的本质力量的感性显现，而人类自由自觉的活动总带有一定的创造性，也只有创造性的实践活动的过程及结果才是美的。这在社会美和艺术美中表现得十分突出。人的社会生活，总是在新与旧、正确与错误、革命与反动的斗争中不断向前发展的，它有一个除旧布新、推陈出新的辩证过程。一切旧的、错误的、反动的东西，不论怎样气势汹汹，一旦违背了社会发展的规律，便没有什么美可言，终将被人唾弃、被历史淘汰。只有那些新的、正确的、进步的、革命的事物，因其符合历史发展规律、富于创新性，才能成为人们所欣赏的美的东西。

任何一部艺术作品的审美价值，一定要有创造性。真正美的艺术品，一定是独特的，反映出艺术家对于世界和人类的深刻体验。从形式上，相比前人必须有所突破，不能重复别人的。艺术史上，凡是大艺术家，其在艺术风格样式上往往敢于独创，另辟蹊径。

第二节　美的形式与形式美

一、美的形式

（一）美的形式的特性

1.美的形式和美的内容具有统一性

美的内容决定着美的形式，然而，美的形式并不总是处于消极状态，它具有自身的能动性和独立性。当它的这种特性与美的内容相适应的时候，就能恰当地表现美的内容，并激发内容美的不断进步，从而增强美的感染力。反之，过分强调美的形式，就会导致内在与外在不符，空洞而缺少意义，削弱美的感染力。

2.美的形式具有稳定性

与内容美相比较而言，美的形式比较稳定并且呈现定型化的状态。美的形式直观生动地体现该事物美的性质和特征。美的形式是具体的，无论它是否适合美的内容，却总是以各种状态与美的内容保持一种联系，始终依托于美的内容，也会积极地影响美的内容的改善。美的事物中一定含有具体的美的内容及与之对应的美的形式，它们是一一对应的关系。形式美是指美的形式的共同特征。形式美是抽象的，它是由一定的自然物质材料按照一定的客观规律组合而成的审美本体，并且是由美的形式总结、发展而来的，是脱离了一定具体内容的、带有某种普遍意义的东西。

（二）美的形式的功能

美的形式在欣赏美和创造美的过程中具有纽带功能。尽管美的形式表现的美是间接的、朦胧的，但是，人们在欣赏美的时候总是最先感受到形式的美，如果说创造美是由内容向形式的过渡，那么美的欣赏则是由形式向内容过渡，所以，美的形式在欣赏美的过程中起到桥梁的作用。

二、形式美

（一）形式美的产生

形式美的产生不是由自然的美的形式演变而来的，它是人类在长期的社会创造中发现并概括总结出来的。人类最初的创造是以实用为目的的，有用的往往就是美的，这时，美是与实用结合在一起的。可是随着创造美的经验的增长，人们渐渐摆脱美的最初实用意义，而是更关注撇开实用价值的美的形式，当美的形式被人创造性地组合使用时，形式美就变得非常重要了，它是美的内容得以表达的重要途径。所以，探讨形式美的问题，离不开人类初始文明的艺术状态。

1.从出土的石器和陶制品看形式美的产生

从石器时代的石制工具能够看出形式美的产生。通过出土的不同时期的石制工具，我们能看出事物的形式是不断进步和完善的。旧石器时代石制工具粗糙，带有人的意志的形式特征不是十分鲜明。到了新石器时代，石制工具使用价值更大，其形式特征也有了很大改善，如中国的新石器时代晚期的大汶口文化发现的有孔石斧、石刀，不论从形状、规则，还是外观形式上的光滑、匀称来看，这些特征既体现了人的意志与客观规律的结合，也体现了人类对形式规律的认识与运用。

通过大量出土的陶制品及其他艺术品，可以窥见当时人类的生产、生活状况，也可以了解他们创造美的状态及其审美水平。在原始社会里，人类的创造活动是自由的，他们在有限的生产、生活范围内驯养动物，发现草药，采摘野果种子或栽种生活中可用可食的花草等植物。随着人们对自然了解得越多，其生存的环境也不断扩大，也就为生活创造了更多的物质财富。当人们熟知这些生活形象并掌握了它们的存在特征时，就开始提炼有代表性的形式并记录它们。人们的记录方式多采用画象形图案的办法，有的画在洞壁上，有的画在陶器上，有的画在兽骨上，其目的是为记忆或表达其美的感受。

从多种多样的陶制品可以看出，人们已经开始自觉地运用形式美的规律去塑造形体，如对称、光滑、和谐，以及色彩调配、装饰图案等。

2.从早期人类饰品的出现看形式美的产生

从美学意义上讲，装饰品的最初用处是计算猎获野兽的数量，比如用野兽的牙齿穿成的项链。越是尖利的牙齿证明野兽越凶猛，猎获它的人就成了部落中的英雄，此时，野兽的牙齿有了象征的意义。随着人类审美水平的提高，这些物品渐渐摆脱了最初的作用，人们可以把它们做得很漂亮，有石珠、兽牙、海蚌壳等，颜色有红、黄、绿等，相映成趣。人类在创造美的同时，也创造了与美相适应的形式美。

（二）形式美的构成

1.声音

声音的物理本质是由物体振动所引起的一种声波。人类听觉所能感受的是每秒振动频率在20～20000赫兹的声波。与形状、色彩一样，声音也是物质材料的自然属性，但与之所不同的是，声音通过听觉感知而影响欣赏者的心理。

声音包括现实世界发出的一切音响，如自然界的风声雨声、鸟鸣兽吼、水流碰撞，乃至人的声音、车的声音等，但是并非所有声音都具有审美价值。在我国古代，声、音、乐三者是有区分的："声"指自然界中的原始声音；"音"则为人类所独有，是人类表达情感的方式；"乐"是经过艺术加工创造的艺术。在现实生活中，各种声音不同程度地影响着人们的情感变化。不和谐的巨响或某种突发的响声使人紧张或者烦躁，这类声音我们称为噪声。它是因为物体不规则振动而引起的，如果长时间受到这种声音干扰，就会损害人体健康。噪声的特性不是绝对的，如果我们能把握其长处并加以合理使用，噪声也同样可以为我们服务；有些噪声还能为其他艺术形式服务，如电影电视剧中的特定情节，就可以使用噪声或其他不规则的、不和谐的声音，以此来渲染危险或滑稽的场面，烘托剧情并达到我们的审美要求。当物体有规律振动并按次序发响的时候，就会产生乐音和对人类无害的日常声音（说话声、脚步声、欢笑声等）；其中，乐音按一定规律组合起来，就会创造出优美的音乐。乐音的表情性十分鲜明，当低沉、缓慢的，纤细、微弱的，优美、流畅的，或轻快、跳跃的音乐旋律响起时，人们的感情就会受其影响而产生变化。由于审美水平的差异，感情变化的深浅程度也不一样。

在声音的特性之中，情感功能最鲜明的也是音乐。音乐的情感内涵非常丰富，在许多艺术形式中，它具有突出的表现情感的优势。它是人类艺术创作才智的体现，音乐的思想与人类是同步的。人类的思想具有无穷多样性，音乐的思想也具有无穷多样性，其表情变化同样丰富多彩。

2.色彩

大自然中的色彩非常丰富。色彩具有独立的审美价值。色彩能够被感知主要依赖视觉。人类通过长期的观察和对比，总结出色彩具有表情性，而且每种色彩的表情性在生活中逐渐被人们习惯和认可。

色彩有两类。一类是天然生成的，这种色彩有些是长时间不变的，有些是不断变化的，如石头、土地、海水、星光、月光等；有些事物由于本身生理的特殊性，或者因为受到自然界的影响，在不同的时期呈现不同的色彩，如树木在生长期呈现葱绿、苍翠的颜色，花草在生长期也有五彩斑斓的色彩，然而在休眠期和凋谢期，大部分植物呈现枯黄的色彩等。另一类是人类通过一定的技术提取出来的颜色，这些颜色以大自然为样本，比大自然更加丰富，且被应用于生活的方方面面，如服装、绘画、建筑等。

人们面对不同色彩，内心会产生不同的情感反应，因此，色彩常常被分成冷色调、中性色调和暖色调。一般黑色、灰色、石青等色彩，看起来庄重、沉着、冷静，有冷硬之感；中性色调有白、蓝、绿等，它们在视觉上比较清爽、悦目，绿、蓝应用于某些造型中象征和平、安宁与友谊，如大海与和平鸽等；红、橙、黄等色彩属暖色调，其中，红色的表情性尤为突出，红色如火，热烈而跳跃，常常让人感到激动、兴奋。

色彩的表情性和象征性不是固定不变的，通常状况下的表情意义在特殊的条件下会发生很大变化，如黑色在工作和会议中象征严肃、庄重，而在葬礼上象征肃穆、悲痛。绿色在自然中悦目而清爽，但在食物上有时候表示腐烂。红色的喜庆意义在特殊情况下会表现出完全相反的表情性，在艺术形式中应用恰当会收到极佳的艺术效果。白色在日常生活中整洁、干净，给人以安然、素净的感觉，在婚礼上取其神圣、纯洁的意义，所以，新娘要穿白色婚纱。另外，在中国绘画中常常用到白色，除了作为色彩被用到纸或画帛上以外，它还有一种特别的用法，就是中国画中的"留白"。中国的山水画比西方的油画更追求意境美，特别注重天人合一，常常是一叶小舟，一翁独钓，云水浩渺，深远处不着笔墨，大片地留白处理，使得画面飘逸、空灵，独具天人合一之美。

3.形状

形状是物体存在的空间形式。形状主要由线、面、体组成。

线条是构成物体形状的基本因素。线条是由无数个点构成的。各种物体都包含着形态不同的线条和由不同的线条组成的各种形态，不同形态的线条具有不同的表情意义。直线有刚直、向前、向上的意义，垂直线挺拔，具有穿透力。折线是一条直线突然改变方向，有转折的意义；直线表情直爽，折线表情有突变性，这两种线条的表情意义都比较生硬、直接。曲线也叫波浪线，相对而言波浪线具有流动性，迂回向前，看起来婉转、柔和，给人以韵律感。同时，曲线具有朝不同方向运动的特性，能够引导人的视觉追寻它的踪迹和影像，尽管它并没有真的动起来，但视觉上似乎是在运动和变化。某些线条特定的表情性的有关知识和经验，是人们在生活中逐渐积累起来的，但是，在不同的事物上使用哪种线条，要根据实际情况。不能因为曲线是优美的，就过多地使用，不要一味地使用直线，也不要一味地使用曲线，否则会让人觉得千篇一律而失去美感。直线和折线恰当使用，同样会取得美的效果，如欧洲的哥特式建筑就大量地使用直线和斜线，使它们相交成尖角，这些尖角直指天空，有向上升腾的气势，被称为最伟大的、最优美的建筑。在教堂内部多使用圆滑曲线，神像的衣着宽大，纹理流畅，各处的曲线装饰显得富丽、典雅。另外，曲线能营造超过实际的空间感，引导人的内心向上，向往天堂。在中国，建筑的外部及内部构成大多使用直线、斜线和折线，整体看来大方、朴素、稳重、规整，符合中国人的朴素主义、自然主义人生观。

面是线的扩大，体是面的架构。体给人的审美感受大致同面相似，现实中的物体虽然大多由体构成，作用于人视觉的形象却多以面出现，如绘画、摄影中的景物，但由于一个体的构成往往包含着许多种面，体给人的美感比面更加丰富深刻。巨大的形体给人以壮观、威严之感，而小的形体会让人觉得灵巧、可爱，但是，这些形体的使用要适当，过多使用巨大形体有时会显得笨重、迟缓；过多使用小的形体也会显得小气，令人的视觉感觉不舒适。只有把这些单一的、具有表情性的大小不一的角体、锥体、方体、梯形体根据其存在环境进行组合使用，才显得完美、和谐。

（三）形式美的规律

1.单纯齐一与反复

单纯齐一与反复，这种规律直接明了。在单纯美中，感性形式因素单一，一般不含有其他对立的形式因素，其存在方式很少变化或无变化，例如冬天里辽阔的冰雪世界，无边无际蔚蓝的大海，深远、碧绿的庄稼等，都给人以开阔、直接、畅快的美感。单纯齐一的颜色、形体、声音的特点表现为一致和重复，给人一种秩序感。再如等距秧苗、成排树木、教室座椅、仪仗队列、二方连续的花边纹饰、连续鸣放的汽笛声等。单纯齐一能体现一种统一有序的美，但因缺少变化，不免显得单调、沉闷，所以，它在形式美中很少单独使用。

反复是指感性材料按一定规律完整地再现，其排列方式单纯，给人以清晰、完整的印象，与单纯的规律相比趋于变化。齐一也是整齐划一，在社会生活环境和自然环境中，我们经常看到这种整齐划一的美的形式的存在。一块蓝白相间的南方扎染布，简洁、抽象的条纹图形，看起来清爽宜人；在黄土高原上一座座高耸的山峰与一条条低凹的深谷，交替出现，它们像巨笔画成的一样，极有韵律感。

2.节奏和韵律

我们把事物运动过程中有规律的变化称为节奏。节奏在自然和生活中随处可见，日夜更替，寒来暑往，花开花谢，潮涨潮落，波涛起伏等，都有一定节奏。人们的饮食起居、劳动生活、生命运动也都充满节奏。

节奏在人类社会生活中起着相当重要的作用，特别是在生产力水平低下的社会里。当人类的生产力很低下的时候，音乐的节奏具有无与伦比的调解和凝聚的力量，它能使人们在付出力量和智慧的同时释放真挚的情感，或是高昂的，或是悲哀的，或是细腻、婉转的，因此，它常常伴随人们整个劳动过程。

艺术同节奏的关系则更为密切。节奏是音乐、舞蹈艺术的核心。诗也讲究分行、分节、抑扬顿挫的音韵美及情感流动的内在节奏美。建筑也讲究节奏美。我国建筑学家梁思成分析北京广安门外的天宁寺塔的结构，将月台、须弥座、塔身、塔檐、尖顶分成几个层次，每一层次之间都保持一定的距离间隔，参差错落，自然和谐，成为一种凝固的节奏。

同节奏相关的是韵律。韵律实际上是节奏律动产生的一种美，例如，一般的广播操只具有节奏美，而韵律操则不仅具有节奏美，还于节奏中显示出青春气息和时代色彩。

3.对称与均衡

对称与均衡是现实生活中事物的两种常见的状态。

对称是指以一条中轴线为中心，它的平面或立体方位（上、下、左、右）上的事物平均相等。有人对自然现象和人体生理现象进行研究，并得到大量关于对称规律的丰富资料。自然界中许多物质都自然地表现出对称的规律性，例如，构成矿物质的晶体都具有对称性，有角对称、面对称等，还有各种树的叶子也具有对称性，有互生对称、轮生对称、对生对称等。在人体生理现象中，外部或内部器官多呈对称状态。有人认为，人们对于对称规律的经验，首先来自自然或生物生理的现象，它能向人们传达均匀、稳定的美感。这种规律在生产、生活中很早就被广泛应用，如早期的石器石铲、玉斧造型，陶罐两侧的环形装饰和罐体上对称的动植物图案。这种规律的应用，体现了原始人朴素而愉快的审美情感，同时，也体现对称规律在原始社会中的价值和意义。迄今为止，我们的生产生活中仍然不能缺少这一规律，而且我们还扩大和发展了它的应用范围和审美意义，如建筑、交通工具、生产用具等方面的应用。

均衡是指两侧或其他方位上的事物量大体相当，但形体不必相同。均衡主要包括下列几种类型。其一，对等平衡，即指两侧的物体等量不等形，离中轴线距离相当，如年画中的寿星像，寿星的两侧，一侧是童男，一侧是童女，就属于对等平衡。其二，重力平衡，即重物与轻物因与支点的距离不同而保持平衡。重力平衡在绘画、书法及盆景艺术中运用较多。其三，运动平衡，顾名思义，是指平衡不断被打破又重新形成，如钟摆、跷跷板等，即属于运动平衡。

对称这种存在方式常常表现为稳定、平均，如用于大型景观建筑中，能够展示其壮观、威严、大气磅礴的外观。在生活中，有很多小型事物也运用或自觉地符合这一规律，但是，如果使用过于频繁就会显得呆板僵化，同时，也就失去了对称美的价值。均衡这种存在方式富于变化，趋向于动态，能够为审美对象本身创造很大的想象空间，适当运用它会使事物显得生动、活泼，具有流动感。

4.比例关系

比例是指事物的整体与局部以及局部与局部之间的大小、长短、高低、粗细等方面搭配得当、协调和谐。比例关系的和谐，就是我们平时所说的"匀称"。

物体存在所遵循的比例关系有两种：一种是空间比例，一种是时间比例。然而，对于不同属性的物体来说，因为其倾向时间和空间范围的程度不同，所以，每一种物体遵循的比例也有很强的倾向性。雕塑、建筑、大山、江河等有形物体所表现的空间比例的特点突出，常常带有大小多少、尺寸长短、质地软硬等特性。古代画论中有"立七、坐五、盘三"的观点，而且在古代山水画构图时，讲究"丈山、尺树、寸马、分人"的画面比例原则。

5.主从对比

主从对比是指两部分各自处在平等的位置，但主从之间一定有所区分，犹如众星拱月。主从映衬手法在艺术创作中的运用也十分普遍，例如，小说中有主要人物和次要人物，绘画中有前景与背景，乐曲中有主旋律与和声，宫殿建筑中有主殿和配殿，它们都把主体部分置于最鲜明、最醒目的位置，从而体现出核心感及整体的层次感。

对比是把属性特征完全不同的事物放在一起，具有活泼、醒目、跳跃的特点。当人们面对这类事物的时候，精神会为之振奋。在生活当中，为了让某些事物更加引人注意，人们经常使用这个规律，例如，商店、宾馆的招牌往往会显得很醒目，还有色彩鲜明、形象夸张的大型广告等。

6.多样统一

一般指多种差异性因素或多个和谐的因素生动而又有序地统一在一个整体之中，丰富而又融合，在变化中求统一。这一规律是人类在长期的实践中总结和创造出来的，它是高级而又复杂的形式规律。

多样统一的形式在自然和生活中十分常见：蓝天白云、远山近水、桃红柳绿、莺歌燕舞等，构成一幅明媚祥和的春之图；新衣美食、对联年画、烟花鞭炮、舞狮舞龙、走亲访友、短信贺喜等，共同营造出春节喜庆的气氛。艺术创作特别重视多样统一法则的运用。交响乐的演奏中，各种乐器、各个声部、各个乐段等协调配合，合奏成一组辉煌壮美的乐章。山水画的创作，要求在整齐中有变化，千岩万壑，要形态各异；重峦叠嶂，要起伏有秩。插花艺术中也讲究多样统一，既不能太多，也不能太少，高低疏密，参差错落，要搭配得当。多样统一包括两种基本类型。一是调和，即多种非对立因素相辅相成，协调一致，如色彩中反差极大的颜色或者相邻色，配在一起却协调有致。音乐中的和声，几个音按谐音原理搭配同时发声，悦耳动听。二是比照，即各种对立因素既相反又相成，平衡统一。

多样统一规律是其他各种形式、规律的综合运用，多而不乱，有序又丰富，如和谐的生机盎然的大自然、绚丽奇妙的星空、侗族的无伴奏多声部合唱、敦煌的彩绘壁画等。

形式美的法则凝练了艺术作品在形式上的共同特征，对形式美的法则详加探讨是为了推动美的创造，达到美的形式与内容的高度统一。美的事物是不断发展的，所以，形式美的法则不是固定不变的，它是随着美的变化而变化的。更好地掌握形式美的法则是为了提高创造美的能力，运用恰当的形式美能够加强美的事物的艺术表现力。

（四）形式美的审美意义

1.促进生活美化

在现实生活中，无处不涉及形式感，无处不创造并应用着形式美。大到社会物质生活环境，如城市街道的规划，村镇和农田的改造，花园、公园的建设等，小到家庭生活环境、校园环境、工作环境以及商场、娱乐场所等的美化活动，都具体地应用着形式美的诸要素和规律。了解形式美，欣赏形式美，对于美化环境、美化生活，有着重要的意义。

2.促进艺术创作与欣赏

艺术形式在艺术的创作与欣赏过程中起着重要的桥梁作用。艺术创作大都是以形式感和形式美为基础进行的，例如，诗要讲究韵律和节奏的美，雕塑研究结构的样式化的美，绘画要讲究色彩与线条的美，演员讲究形体动作的美等。人们对艺术美的感知不能仅仅停留于感性知觉，只有认识到艺术品的形式法则才能通达它的内涵。所以，加强形式美育，能促进审美主体艺术形式美感的形成，有助于艺术的创作和欣赏。

3.促进工业设计

形式美的创造是工业产品设计的重要方面。现代社会生活的发展要求现代工业产品必须是集功能、物质技术条件、造型形象三者为一体的有机结合体，是实用、经济和审美的统一体。产品形式美的创造在工业设计中具有特别重要的意义。产品的形式美主要指由线条、块面、质材、尺度、比例、节奏、韵律、量感、色彩等有机统一所形成的整体形象美。加强形式美育，建构起对事物的形式美感，将有助于产品的形式美的创造。

三、美的形式与形式美的关系

美的形式是美的内容赖以存在的方式，一般人们把它分为内形式和外形式。内形式是美的事物内容各要素的有规律的组织结构，它与美的内容直接发生联系。它的外在形态则表现为色彩深浅、光影明暗、线条曲直、形体的大小、质地的刚柔等，这些因素都是事物的外在形式。

内形式相比外形式更为抽象，体现事物非感性内容的架构。外形式表现为与内容的间接联系，具有较强的独立性和自身的规律性，如有些事物内容较好或一般，形式却很完美，这类的形式往往使人忽略其内容的存在，仅仅从形式上就能体会到足够的美，如中国古代的诗词格律，其中内容不断更换，但它的形式，也就是指它的外形式作为它最独特的美学特征至今仍保持着。

第三节 美的实践与创造

一、创造美好的环境

（一）创造美好环境的必要性

在人类社会的早期，生活是得不到保障的，生存环境比较恶劣，人们忙着填饱肚子，对于美好环境别说是追求了，可能连认识都没有，但是随着社会的发展，人们的物质生活得到了极大的提高和丰富，这个时候，人们对于美好环境的需求就产生了。

1.创造美好环境是人类生存和发展的必然追求

自然环境是人类生存和生活的物质基础。人类借助自然界的恩赐，物质生产不断发展，社会不断文明、进步。爱护自然，保护环境，创设美好的生存空间，便成为人类社会发展的必然追求。

2.创造美好环境是改善生活质量的重要内容

环境美是生活美的重要组成部分，创设美好环境是人类生活理想付诸现实的必然实践选择。不管是对家居环境的美化，还是对学校、公司等场所进行的种花种草等行为，或是城镇建设的布局规划，这些都是为了通过改善环境来提高人们的生活质量。

3.创造美好环境有益于身心健康

脱离了环境，人是无法存在的，周围环境中的一切随时随地都刺激着人们的感官，影响着人们的情绪。在日常生活中，我们可以发现，洁净、整齐、安静、美丽的环境会给人们以愉悦的享受，更能促使人们热爱生活、努力工作。而脏乱、吵闹的环境只会使人心生厌恶，情绪低落，精神不振，甚至纪律涣散，影响工作、学习。

4.创造美好环境体现了文明

环境美化体现了人类文明的发展，也是人类提高生活质量的前提条件。追求环境美，可以使人们的生活丰富多彩，充满情趣，使人们得到较好的休息，促进身心健康；追求环境美，可以陶冶性情，开阔胸怀，提高文化水平，砥砺品行，增强识别美丑的能力，有助于培养高尚美好的情操；追求环境美，可以增进人们对祖国大好河山与民族传统文化的了解，培养和深化人们的爱国主义思想感情；追求环境美，可以增进人们对自然环境的观察和了解，启发人们探索自然奥秘的智慧，促进自然科学的发展。

自然环境中表现出来的与人们向往的社会生活相联系的特性构成了形式美，所以，美化环境体现着现代文明，也是现代文明的重要标志之一。环境的美化首先应从自己身边的生活环境、学习环境、居住环境的美化做起。

（二）创造美好环境的基本要求

1.整洁、清新、安宁

第一，对于个人生活空间来说，房间干净，物品整齐，家具安置合理，并且养花种草，点缀其间，会让人精神放松，心情愉悦，能更好地投入工作和学习中。

第二，从公共生活场所来说，整洁的街道、碧绿的树木、清新的空气，这样的环境可以让人们感受到生活的美好，看到这种环境的那一刻心情就会愉悦起来。

2.布局合理

合理的布局可以给人们的生活带来便利。大街小巷把城市分割，居住区、商业区、娱乐活动区，井井有条；居民小区辟有绿化带、公共活动区，周围有超市、餐馆等；住宅楼之间有一定的间距，既便于采光，又避免对视等。居室空间也要合理规划，休息娱乐、饮食洗浴、学习工作，功能明确。

（三）具体美好环境的创造

1.美好家居环境的创造

居室是人们在工作、学习之后的休息地，是休憩身心、颐养性情的港湾。家居环境的美化，不仅仅是家庭经济实力的体现，更是家庭成员的精神面貌、思想境界、志趣爱好以及文化修养等方面的体现。无论是豪华别墅还是普通房舍都可以做到美化，我们主张从实际情况出发，在经济实用的基础上追求审美的艺术性，从而创造出符合身心健康需要的生活环境。一般说来，要做到以下几点：

第一，要做到家里时刻保持整洁。应及时清扫房屋地面、墙壁、天花板、桌椅、衣柜、灯具、窗台、玻璃上的尘污，洗净被褥及餐炊具等，并把它们摆放整齐。

第二，要合理地挑选家具。家具是家庭日用器具的一种，既有使用价值，又可以作为室内的装饰，所以，人们称它是美化生活的实用艺术品。在一个家庭里，家具是占据空间最多的饰品，因此，美化生活环境时，家具的选择和陈设就成了不能忽视的重要内容。家具的挑选不仅要注重功能、风格多样，而且要保持协调。

第三，在色调方面，要以和谐为原则。家是人们休息的场所、接待客人的地方，也是与亲人共享天伦之乐的地方。因此，家庭环境的布置、美化，从色彩上说，应力求安宁、和谐、亲切。

第四，家里的装饰要体现高尚的情趣。家庭生活的内容是丰富的，人们的情趣也是多方面的，因而要创造一个美好的环境，离不开用各种手法去装饰和点缀。可以在室内摆放一些盆景、盆栽绿色植物、花卉，或是插花，也可养鱼、养鸟等，营造室内的一隅绿色空间，以获得清新悦目的感受，使之充满诗情画意；还可以根据个人的爱好，摆设一些工艺美术品、古董，或挂贴字画，营造高雅而富有个性的居室情调，寄托自己的审美情操和志向追求。

2.美好校园环境的创造

校园是学习和生活的场所，高层次、高格调、高品位的校园环境，能对学生起到"润物细无声"的陶冶作用。美化校园环境不仅要构建诗情画意的自然环境，还要营造厉行励志的人文环境。美好校园环境的创造需要从以下两方面入手：

一方面是整体校园环境的创造。校园应选在无噪声、无污染的地方，尽可能处在优美的自然环境中，使学生在校园内处处都能看到大自然的美。校园内部规划要科学、艺术，注意整体的协调统一。学校一般以教学楼、办公楼或图书馆为主要建筑，其他建筑不论从造型风格，还是色彩、用料等方面都应与它相协调，不能自成一体。校舍的建筑，应当富有变化。校园建筑布局合理，整洁优美，树木葱茏，错落有致，有催人奋进的雕塑，有肃穆庄严的升旗台……能让人感到校园具有形的参差美、色的和谐美与意的情趣美。还要营造具有教育意义的人文环境，如悬挂校训标语、名人画像及催人向上的名言，张贴地图，布置品学兼优学生的照片、事迹介绍、习作、绘画，布置反映祖国激动人心的建设成果的图片等，定期更换，常办常新，使学生在校园里无论走到哪里，都能得到美的熏陶、鼓励和鞭策。

另一方面是教室环境的创造。教室是学生接受知识最重要的场所。教室要窗明几净、桌椅整齐、色彩调和、光线充足。教室的布置要做到既大方又活泼，整体和谐一致。黑板上方可以张贴国旗图样或学风校训，两侧的墙上适当地贴挂几幅字画或杰出人物的画像、名言，教室后墙设置黑板报，开辟学习园地、支部园地、时事园地等。窗台上有序地摆放一些盆栽植物，讲台上可以放置插花。如此营造出有生气的氛围，能让学生在优美、安宁的环境里身心愉快地接受科学文化知识。

3.美好劳动环境的创造

劳动环境的好坏，是影响劳动者心理、生理的一个重要因素，也直接或间接地影响着劳动效率和产品质量。美的劳动环境能激起劳动者愉快高昂的情绪，消除不必要的紧张和疲劳，提高劳动者的积极性；杂乱、肮脏、吵闹的劳动环境，常常使劳动者感到厌烦，使他们情绪低落，缺乏劳动积极性。可见，改善劳动条件、美化劳动环境的意义十分重大。

二、塑造美好的形象

美的实践与创造体现在塑造个人美好的形象上。个人的形象直接影响到别人、社会对他的看法，是非常重要的一个方面。具体而言，塑造美好的形象需要从以下几个方面入手。

（一）身体美的塑造

不管是小孩儿还是大人，男人还是女人，大家都希望可以拥有让自己满意的美的容貌和形体。但是，人的容貌和形体很大程度上由遗传基因决定。当然，这并不是绝对的，在后天，我们完全可以通过一些有效的途径塑造美丽的身体。具体而言，可以通过以下几种方式来塑造身体美：

1.增强体育锻炼

美的形体和容貌首先必须是健康的。体育锻炼不仅可以增强体质，使人充满活力，而且可以促进骨骼和器官发育，使体重及胸围、腰围、臀围、腿围等保持在正常的范围之中，从而起到塑造形体的作用。

现代社会中，人们充分地认识到锻炼对于塑身的意义，广泛地参加各种体育锻炼和健美活动。大学生应当抓住自己的黄金时期加强锻炼，使身心都得到健康、完美的发展。

2.调节饮食营养

多在饮食方面下功夫可以有效地改善外貌形象，比如皮肤和头发，都是可以通过合理的饮食调节改善的。根据自身存在的问题对症下药，如果皮肤很干燥，可以多吃水果蔬菜，借此补充体内的维生素，同时，也要养成良好的饮食习惯，不抽烟，不喝酒。

3.保持良好心情

心态是会反映到外貌上的，常言道："笑一笑十年少，愁一愁白了头。"人的情绪在很大程度上会影响到人的身体健康。不良情绪损害人的健康，当然也影响容貌。当人遇到高兴的事，心情愉悦，面色红润，容光焕发；如果一个人长期郁郁寡欢、焦虑愁闷，则面容黯无光泽。人生的旅途漫漫，每个人都可能会遇到种种不顺心的人和事，遇到烦恼的时候，要用积极的心态去面对，不仅有利于身体的健康和美丽，而且有利于问题的解决。

（二）仪表美的塑造

1.仪表美的内涵

仪表美是一个综合性概念，具体而言，它包含三层意思：

第一层意思是仪表美的基础，也常指的人的容貌、形体、体态的协调优美。这种美是一种自然美。

第二层意思是仪表美的发展，指的是通过修饰打扮以及后天环境影响而产生的美。这是一种创造的美。

第三层意思是仪表美的本质，这是比较深层次的一种美，指的是一个人美好而高尚的内心世界和蓬勃旺盛的生命活力的外在表现。

前两层内涵的仪表美可以统称为外在美，第三层内涵即为内在美。一个人具有良好的仪表美指的是二者的有机结合，如果只有外在美，没有内在美，并不能称为完善的仪表美。

2.仪表美的基本要求

仪表美要注意以下几点：

首先，要有适合自己身份的美，也就是说一个人的仪表要与他的年龄、个性、气质等相适宜，不然很容易出现不和谐的状况。

其次，不能只注重局部的仪表美，一定要在整体上塑造一种和谐的仪表美。

最后，在塑造仪表美的时候，需要掌握好分寸，不可过度追求，适得其反。

（三）语言美的塑造

1.语言美的内涵

这里所讲的"语言"，是指日常生活用语。"语言美"，就是要求日常生活用语的美。

2.语言美的要求

第一，在日常的交流中，语言要保证文明健康，这是语言美的基本要求。具体而言，语言文明健康就是要求语言和气、态度文雅谦逊。

第二，语言美体现在内容方面的要求是内容要充实，不能空洞不知所云。简言之就是要言之有据，言之有物。"言之有据"就是说话要有根据。摆事实，讲道理，实事求是，懂多少讲多少。"言之有物"就是指说的和做的相一致。说话算数，守信用，不吹牛。夸夸其谈、花言巧语，自然不是语言美。

第三，语言美除了要保证语言文明健康和内容充实，也可以适当地讲求一下艺术，这是就语言美的形式而言的。具体而言，就是要做到逻辑严密、语言规范、语句生动、语音优美。

3.语言美的培养

语言美是指语调、音色、语势的优美。这些美都具有迷人的魅力，有助于表达思想、交流感情。要培养一个人的语言美，首先，要加强思想道德的修养。语言美是心灵美的外在表现，要想做到语言美，就要从心灵美做起，提高道德修养。其次，要加强文化修养。语言修养与文化修养密切相关，文化修养提高，谈吐才能文雅。

（四）行为美的塑造

1.行为美的内涵

行为美是指人在社会生活中所表现出来的美，是一个人修养的体现。特别是在公共场合，行为美显得尤为重要。

2.行为美的要求

在日常生活中，我们既要认识到哪些行为是美的，也要认识到哪些行为是丑的，并自觉地摒弃丑、抵制丑。具体地说，要做到以下几点：

第一，对于集体利益加以保护，不能进行损害。对于大学生而言，不损害集体的利益可以具象为不损害班级或学校的利益。学生的形象会在很大程度上影响到班级和学校的形象，因此，在平常要多注意自己的行为。

第二，爱护公物。对于公共环境，大学生一定要注意自身修养，自觉爱护公共设施。

第三，不危害社会秩序。作为新时代大学生，各种场合一定要自律，进行自我约束与管控。

（五）交际美的塑造

1.交际美的内涵

交际美是指在人际交往中所形成的彼此信任、相互尊重、相互谅解、团结友爱的和谐美，它是人物美（心灵美、仪表美、语言美和行为美诸方面）在群体关系中表现出来的特殊形态。交际美是人类文明和进步的标志。在现代生活中，人和人的交往是不可避免的，一个人能否美化或优化与他人的交际关系，不仅是个人修养水平的体现，而且是完成事业、走向成功的桥梁。

2.如何塑造交际美

具体地说，塑造交际美，我们要做到以下几点：

第一，在与别人交往的过程中要真诚地对待别人。真诚是指内心世界真挚、诚实、坦荡。在与人交往中发自内心的真情，具有一种美的吸引力，容易使人接受并能够同他人建立友好的感情；相反，浮华、虚伪、奸诈是人与人交往的最大障碍，具有极大的破坏力。在人际交往中，我们应言行一致，说老实话，办老实事，做老实人，才能形成美的交往关系。

第二，在与别人交往的过程中要多设身处地为别人考虑。孔子有句名言，"己所不欲，勿施于人"，意思是自己不想接受的事物不要强加给别人。那么反过来，在面对自己喜欢、想要的东西时，也要考虑别人的感受。在社会生活中与人交往，要多多换位思考，谦让他人，以营造和谐的、有秩序的人际氛围。这句名言在古代社会被视为调整人际关系的基本准则，在当今社会仍是帮助我们建立良好人际关系、树立良好社交形象的训条。我们在日常的生活中，一定要严格遵守。

第三，在与别人交往的过程中要保持一种乐于合作的心态，同时，要有一颗宽容的心，对别人不要过多苛刻。人与人打交道，离不开彼此间的协助、合作。为了使合作可以顺利进行，我们要严格要求自己，注意克服自身的某些缺点，学会反省，敢于自我批评，要有自我牺牲精神；还要有开阔的胸襟，学会宽容，不要老是盯住别人的缺点，不要为一点小事伤了和气，这样才能彼此团结，协作一致。

第四，在与别人交往的过程中既要保持自信的态度，还要谦恭有礼。自信的人看到自己的长处、优势和力量，在社交场合不会胆怯、羞涩、拘谨，待人接物洒脱、大方，从而展现出交际魅力。当然，自信要有一定的分寸，不要强调个人特殊的一面，也不要有意表现自己的优越感，以致让人敬而远之；还要善于发现并真诚地赞许他人的长处和优点，做到谈吐有节、谦恭有礼，这样才能营造良好的交际氛围。

第二章　美育基础理论

第一节　美育的性质与特征

美育，也叫审美教育、美感教育。美育是一种以"美"为手段教育人的特殊教育。美育有实践意义上的美育和理论意义上的美育两种概念，前者指以美育人的实施过程；后者是对前者的理论概括和阐述，可称美育学。

美育作为一种理论，是美学的一部分，又是教育学的一部分，前者可谓"美学的教育学"，后者可谓"教育学的美学"。

一、美育的性质

（一）美育是审美的人格教育

美育的性质是什么？美育是一种审美的人格教育。就是说，美育以"美"作为手段，通过审美活动的方式，让美滋润人的心灵，培育人的美好情操和审美修养，塑造美好的人格。

（二）美育是情感教育和形式美感教育

1.美育是一种情感教育

美育是一种审美的人格教育。那么，美育是通过什么而实现人格教育的呢？美育是通过对人的情感熏陶而实现人格教育的。就是说，美育本质上是一种情感教育。对此，可以从以下几个角度来理解。

第一，从"美学""美育"概念提出的特定内涵看，美育主要涉及人的情感领域。美学的对象是感性认识（情感）所理解的完善，而这种理解到的完善就是美；与此相反的就是感性认识（情感）的不完善，就是丑。可见，"美学"概念的提出及其作为独立学科的建立是与人的情感领域紧密相连的，美学实际上就是

"情感学"。而美育概念的提出者席勒认为，美育的性质和任务就是要在感性和理性的领域之外开辟一个新的消除了感性和理性束缚的高尚的情感领域，使人获得精神上的解放，培养完美的人格。从"美学""美育"概念的提出及其作为两门独立学科最早建立时的定位，可以看出它们都主要涉及人的情感领域，这就从一个方面印证了美育情感教育的性质。

第二，从审美的性质特点看，美育是在审美活动中展开的教育。美育本身就是一种审美活动，而审美活动的性质和美感的特点决定了美育是一种情感教育。审美活动实质上是一种情感体验活动，审美主体对美的把握，在心理上展开的主要是情感而不是理性认识或道德意志，审美对象引发的愉快主要是情感愉快。就是说，审美对象对审美主体的作用是由悦目悦耳进而悦心悦情，审美过程就是一种情感自我陶冶的活动，美育作为一种审美活动也是一种情感自我陶冶的活动；而从教育学的角度看，美育就是一种借助美对受众进行情感教育的教育方式。

第三，从教育价值观看，美育也不同于德、智、体的教育。德育主要是对人们进行思想和伦理道德方面的教育，它体现着"善"的要求；智育主要是传授知识、技能，开发人们的智能，它体现着"真"的要求；体育主要通过运动和锻炼，促进人的健康水平，它体现着"健"的要求；而美育则主要是通过对人的情感美化作用培养人的美感情操，使人的审美心理结构完善、人格完美、个性和谐发展，它体现着"美"的要求。

可见，美育是通过情感教育实现人格完美化的教育。

2.美育是一种形式美感教育

美育作为一种情感教育，又是通过形式美感的教育来实现的。就是说，美育又是一种形式美感的教育。对此，可以从以下两个方面来理解。

第一，美育是以"美"育人的教育。我们知道，美，无论是艺术美还是自然美、人的美、文化美，都呈现为生动的形象。美只能在形象中表现。而审美活动——不论是美的欣赏还是美的创造，都是通过形象感知来实现的。换句话说，在审美活动中，审美对象都是以其鲜明生动的形象（由色彩、线条、形体、声音等形式因素构成）诉诸人的感官，影响人的思想感情的。美和审美活动的这一形象性特征决定了美育必然是一种"审美形式感"或称为"形式美感"的教育。

第二，在审美教育活动中，审美主体对美的欣赏，必须保持一种非功利的心态，即对对象无所求、无所为、无欲望的超然的、静观的心态，也就是不涉及对象的"实质性"内容。美感教育就是这样一种形式美感教育，是一种超越功利、超越实用、超越世俗的形式美感教育。

美育的独特性，就在于通过各种美的形象来触发人的情感，以美感人，以情动人，从而起到潜移默化的感染和教育作用。美育主要是一种通过形式的感受达到情感熏陶的情感教育。

综上所述，美育是一种情感教育和形式美感教育有机统一的人格教育。

（三）美育与德育、智育、体育

美育与德育、智育、体育的关系，是深入理解美育的性质的一个重要方面。

教育的功能和价值，一是促进人类社会的发展和完善，二是促进人类自身的发展和完善。这就是说，教育的根本任务是推动社会和人类自身的发展和完善。教育是一个系统工程，人的全面发展有赖于多方面的动力。我们知道人的心理结构由智慧、意志、情感三种因素所组成。这三个方面在实践中分别表现为认识关系、伦理关系和审美关系。认识关系解释了主观与客观、认识与实践、感性和理性的发展过程，它是运用概念的普遍形式去把握事物的本质，属于智育的范畴。伦理关系揭示了人与人之间、个人与社会之间的一般道德准则，它告诉人们什么样的行为是善的，什么样的行为是不善的或丑恶的，属于德育的范畴。审美关系表现为一种情感关系，它揭示了人怎样按美的规律与审美理想来改造世界和塑造人自身，属于美育的范畴。这三个方面，对构成人的健全心理是不可或缺的，它们和侧重于人的体质锻炼、使人获得健康体魄的体育一起，共同构成了促使人全面发展的教育体系。可见，整体动力观的教育观念决定了德、智、体、美是相互联系、相互促进的统一整体。

美育不仅能陶冶情操、提高素养，而且有助于开发智力，对于促进学生全面发展具有不可替代的作用。要尽快改变学校美育工作薄弱的状况，将美育融入学校教育全过程。美育对于培养学生健康的审美观念和审美能力，陶冶高尚的道德情操，培养全面发展的人才，具有重要作用。没有美育就没有健全的素质教育。

美育作为实施素质教育的切入点，除了自身的重要性以外，还对其他教育起促进作用。以美辅德，以美益智，以美健体，以美促劳，促使学生全面和谐地发展。

1.美育与德育的关系

美育与德育的关系问题，从理论上讲，就是美与善的问题。美与善的关系非常密切，善是美的基础，在道德领域甚至善即美。这就是说，美育与德育的关系是非常密切的，美育最终要达到人格的提升，与德育的最终目标具有一致性。

美育与德育虽然存在着密切的联系，但又各有特点。美育与德育的差别主要体现在以下几个方面。

第一，从性质上说，美育是通过美的事物、美的形象、美的理想陶冶人的情感，塑造美的心灵，促进人格的全面发展。与德育偏重于规范与约束的特点不同，美育具有自由和愉悦的特点，它注重发展受教育者的审美感受力、创造力，使其个性得到和谐而自然的发展；在最个性化的审美体验中，受教育者往往超越了现实生活的某些限制，自发地投入受教育过程中并乐此不疲。德育则偏重于对善的行为的逻辑判断，注重发展受教育者的意志约束力，是一种规范性的教育；德育偏重于培养个性对社会的服从，它努力使受教育者以社会普遍的规范和法则作为自己的需要和准则，而这种由外向内的约束常常使个性的发展受到一定的限制。

第二，从方式上说，美育是一种感性的引导和诱发，它以美感染人，使人的个性情感得到自由表现和升华，因而具有明显的情感性、形象性、自由性。在这个过程中，一切都得靠受教育者自己去体验，这种体验是主动和创造性的，也是生动活泼的，受教育者可从趣味满足中获得认同。德育则主要是通过说理，言明大义，以理服人。它的重要特点是说服，尽管也可以采取一些生动活泼的形式，但它终究是理性化的，受教育者也基本上处于被动地认识与接受的位置。

第三，从功能意义上看，美育偏重培养个性人格，它通过培养敏锐的感受力，发展个性情感，养成人的自发性和创造性。德育偏重培养社会人格，通过磨炼意志力，养成人的自觉性和道德意识。因此，德育和美育在价值取向上有不同的侧重：德育侧重于社会尺度，它偏重于现实的原则以帮助受教育者适应现实环境；美育则偏重个性的尺度，偏重于超越的原则，它不能帮助受教育者从现实环境中获得实利，但受教育者能在个性发展需要的基础上产生变革现实、追求社会秩序的理想和动力。因此，美育包含着改造社会的超前的理想性。

美育和德育的关系是辩证的关系，其主要体现在如下几个方面。

第一，美以善为前提。善，体现着人类的普遍的利益要求。人的实践活动具有一定的目的性，而这种目的如果符合客观事物的发展规律，就是合理的，就会给人类带来益处，同时，也是善的行为。美则是人们对事物的一种情感体验。美之所以以善为前提，是因为美并不是什么超然的、抽象的东西，而是事物的客观性和社会性的统一。美归根到底离不开善，有善才有美。美以善为前提，也决定了一切审美教育从根本意义上讲，是为了培养和诱发人们善的情感，使个体形成一种完善的人格。当然，这种善是广义的，不可从狭隘的功利主义出发去理解，否则，那也是难以实现的。

第二，道德状态是从审美状态发展而来的。道德状态从审美状态发展而来，是由于道德实践是建立在一定的情感基础之上的；要提高人们的道德水平，不能就道德说道德，更重要的是提高人们的审美情操。所以，德育教育人不要做违反道德的事无疑也是非常重要的，但如果能使人从小就热爱美，厌恶一切丑行，就具有更加直接和积极的意义。

第三，美最终是为了善。美最终是为了善，这是人类社会的本质所决定的。审美活动也是人类实践活动的一个方面，如果审美活动不能给人们带来益处，那它也难以存在和发展。美最终是为了善，表明美学和伦理学在根本目的上是一致的。把美学与伦理学用于社会实践的美育和德育，都是为了培养全面发展的人才，创造更加美好的世界。

2.美育与智育的关系

美育与智育的关系问题，从理论上讲，就是美与真的关系问题。美与真的关系非常密切，真、善都是美的基础，离开了真、善就没有美。所以，美育与智育也是不可分割的。

但是，美育与智育是有着很大差别的两种教育，主要体现在以下两个方面。

第一，教育的内容和目的不同。美育以感性的审美对象和审美形式为根据和手段，主要是一个培养审美能力，使受教育者的情感得到表现和升华的过程。在这个过程中，受教育者接触的是以形式—情感为特征的审美对象，例如，自然景观和艺术作品等。当然，美育也包括知识的教育，但这不是最主要的，其主要目的是培养审美能力、陶冶情感。由于美育过程以受教者的自发性为基础，因此它能直接满足个体生命的发展要求，使个性得到和谐而自然的发展。智育则是知识的教学过程，它以概念—逻辑作为特征的知识传授为依据，如公式、定理、概念、定义、法则以及判断和推理等过程和环节，其目的在于促进受教育者掌握科学文化知识与技能，发展受教育者的智力结构，与受教育者的生命要求、情感满足要求并无直接的关联。

第二，教育的功能意义不同。美育的功能旨在培养审美能力、促进情感的表现和升华。审美能力的发展虽也需要知识的帮助，但它在本质上不是由具体表象向抽象逻辑的发展，而是越来越深入具体的感性形象中去。智育的任务是促进观察力、想象力和思维力等方面的发展，其中以促进逻辑思维能力的进步为核心。皮亚杰的认知发展理论研究表明，逻辑思维能力的发展从一定意义上讲是一种抽象力的进步，是智力从具体表象向抽象逻辑的发展。审美能力与逻辑思维能力的这种不同发展方向决定了美育与智育的重要差异。以发展逻辑思维能力为主要目的的智育注重培养学生的逻辑判断和推理能力，它要摆脱认识中的主观性以符合客观性，对情感和想象力的发展往往有一定的抑制作用。

美育与智育虽然有着重要的差别，但是，由于个体任何一种能力都与他的其他能力联系在一起，某一能力的发展总离不开其他能力的发展，因此美育与智育又是相互促进的。

美育对智育的促进作用，首先在于它能够有效地促进人的认识能力的提高。我们知道，智育的过程是对规律的认识，是对知识体系的认识，而在个体的成长过程中，审美能力的发展一方面包含着认识能力的发展，另一方面也为认识能力的发展提供必要的基础和条件，因为从某种意义上来说，审美能力本身也是一种认识能力，只是它不同于逻辑思维的认识，而是一种特殊的误解能力。任何审美形式都是个性情感的创造性表现，通过审美形式的体验，我们可以直接领悟到其中的情感生命，可以认识到主观世界的情感和情绪，成为对人生智慧的一种特殊领悟。这种领悟也意味着一种特殊的认识能力的发展，对人的智力的发展具有非常重要的意义。其次，美育所具有的培养创造性思维的功能，对智力的发展具有积极的作用。创造是人类最可宝贵的力量。大千世界的一切物质文明和精神文明，都是人类的创造性成果。创造性思维能力是智力的高级形式，是在既有知识和经验的基础上有所发现和创新的能力，是人类智慧的集中体现。而美育具有心理的综合体验和整体性的品质，是人的感知、想象、情感和理智等多种心理功能的统一，在感性直观的体验中，往往能激发受教育者的思维，使其深入发现事物内部的本质联系，体现出整体性创造能力。因此，在智育过程中引进美育的形象性和趣味性，引进体验、启悟机制，引进美育的诸多方法，可以促进受教育者的观察力、想象力、体悟力和创造性思维能力的发展。

同样，智育对美育也有重要的促进作用。首先，美育需要有一定的智力准备。一个知识储备越多、对事物认识能力即智力越高的人，他在审美活动中对对象的领悟就越深刻，审美情感反应就越强烈。智育主要培养的正是人的智力，所以对美育必然具有促进作用。其次，美育离不开理性的指导作用，美育就是要把理性渗透到感性的个体存在中去。理性思维由于能够揭示事物的本质，从整体上把握事物，因而能更好地指导人的实践活动。美育作为一种教育实践同样离不开理性思维的指导。如此，为了深入把握美的本质，获得更深刻的美的感受，美育就不能停留在美的感性认识上，必须上升到美的理性认识。因此，美育和智育的结合是必不可少的。

3.美育与体育的关系

美育以提高人的精神素质为目标，体育则以提高人的身体素质为目标，二者密切相连。高尚的精神世界，有利于促进身体的健康；健康有力的体魄，是实现人的美好理想、促进人的精神生活提高的物质基础。所以，只有从人的全面发展的角度来认识美育和体育的关系，才能更好地把握美育与体育的关系。

现代体育的一个重要特点是注重身心协调发展，以人的全面发展为宗旨的现代教育决定了体育不应是单纯的身体教育，而应该是以身体教育为主要途径的人的教育。体育的一个重要目的是增进健康，而健康不仅是生理学的意义，它包含着身体机能的健康和心理功能的健康。美育通过美的熏陶和情感教育，恰恰可以使个体获得丰富的精神价值和心理功能的健康，就是说，美育和体育，在塑造人的内在美和外在美方面，起着互相协调、相互促进的作用。

从历史的发展来看，体育与美育往往是密切联系在一起的。原始的体育活动经常与娱乐或艺术活动融为一体。比如，具有宗教礼仪性质的原始歌舞，既是情感的宣泄，又是身体的运动。在古希腊，体育的目的一是培养强壮的身体，作为军事的准备；二是对人体进行健美的训练；等等。这种健与美完全统一的文化传统一直是后来体育和美育健康发展的重要源泉，也是如今将美育与体育相融合的一种文化资源。

从文化性质和功能上来说，美育与体育都以活动本身为目的。两者的教育过程本身就是一种生命活动，它本身就是一种目的。如果说道德活动和认识活动总以活动的结果为目的，那美育与体育的目的就在于活动过程本身。虽然美育与体育都包含知识、技能、技术及道德的学习，但这些因素只是手段，不是根本目的，它们都服从于身心协调发展的根本目的。此外，美育与体育都是人的身心全面投入的活动。美育通过美的熏陶和情感教育，促进全身心的协调发展；体育则通过身体的运动促进心理方面的发展和提高。身心全面协调发展的教育理想是美育和体育的基本前提和共同的基础，二者都直接体现了培养全面发展的个性的现代教育和宗旨。

体育对美育也具有促进作用，表现在两方面。第一，体育作为身体的教育，具有促进人体健美的功能。体育活动，可以使身体发展充分健全，骨骼匀称，骨肉丰满，皮肤光滑而有弹性，这本身就具备了美的意义，比如健美操就是人对自己的身体进行健美塑造的一种创造活动。第二，体育作为身体协调自由的活动，使运动者和观赏者产生强烈的审美体验。体育活动中常常伴随着审美的情感体验。在伴有音乐的艺术体操和滑冰中，人们可以获得视觉、听觉的审美愉快，就是运动者本身也会产生审美愉快。这种体验一方面来自运动中的自我实现感受；另一方面，运动的节奏感也蕴含着和谐自由的美感体验。随着人类文明的发展，体育越来越成为一种给人提供审美享受的运动，体育运动的观赏性越来越强，各种各样的体育运动项目为人们展示了精彩纷呈的审美对象，在这一点上，体育观赏也包含着促进个性情感表现和升华的美育功能。

美育对体育也有着重要的促进作用。第一，在体育中引进美育原则，发掘体育实践和教学过程中的美育因素，可以克服单纯身体锻炼的片面倾向，从而促进身心的协调发展。第二，在体育过程中，培养必要的审美能力，是掌握某些运动技能与技术的重要前提。比如，音乐教育有利于培养人的节奏感，舞蹈教育有利于培养身体的协调能力等。因此，从美育的方式入手，发掘人的美感潜力，可为体育运动打下良好的基础。第三，美育可促进生理和心理的和谐与平衡，而良好的心理素质和状态，也是体育运动的基础。具有较高审美素养的人，往往能比较自如地调节内心的平衡，也能够使自己迅速地兴奋起来，这种心理能力正是体育运动非常需要的。

二、美育的特征

为了更好地开展和实施美育，要深入研究和了解美育区别于其他教育的特征。美育的特征，主要表现在以下几个方面。

（一）美育的形象感染性

美育通过各种美的事物来育人，引起人情绪上的波动，以达到美的陶冶和教育。美育具有形象感染性的特点。

美育的这个特点，是由作为教育手段的美本身的特点决定的，因为各种形态的美，无论是自然美、社会美还是艺术美，都是以具体的、可感的形象形式表现出来的，离开了具体的形象就没有美。所以，形象在美的领域中占着统治地位。在审美教育活动中，正是那些多姿多彩的美的形象，唤起了我们的审美情感和审美欲望，使我们得到了美感享受和精神上的愉悦，从而达到"怡情养性"的目的。

在大自然中，那高耸的山峰、浩瀚的海洋、一望无际的草原、姹紫嫣红的鲜花等，无不令人心旷神怡、流连忘返。

自然美如此，社会美（包括精神美、人格美、生活美等）也如此，都是以具体形象来感染人、教育人的。

艺术美是社会生活和自然的审美反映，是美的高级状态，它的形象较之现实美更集中、更生动、更鲜明。艺术美正是通过生动的形象给人以审美享受和教育的。

在审美教育中，美的事物是教育的手段，因此无论是从审美教育的内容来看，还是从它引起受教育者的审美感受来看，审美教育始终离不开感性形象，形象感染性是其独有的特征。

（二）美育的情感体验性

在美育过程中，受教育者对美的接受过程实际上是一种审美过程，而审美过程就是对对象的情感体验的过程，这就决定了美育具有情感体验性特征。

当然，审美的情感体验性又是由美的无概念性所决定的。康德曾指出，审美是一种趣味判断或鉴赏判断，它不同于单纯的快感，也与逻辑判断不同，逻辑判断涉及概念，而趣味判断不涉及概念，只涉及对象形式。所以趣味判断不是一种理智的判断，而是一种情感的判断；不是逻辑的判断，而是体验性的感悟。

美的形象之所以能引起人的审美情感，是由于它肯定了人的本质力量，凝结着人的创造智慧与理想，因而最容易与人的情感相沟通，给人带来欢乐和精神鼓舞。一个人审美情感的产生，不会是无缘无故的，必然是情感体验的结果。体验，具有亲历性的特点，是人的一种基本生命活动，带有"以身体之，以心验之"的含义。在审美体验中，主体从对审美对象的形式、形象的感知进入其内在意蕴、意味的层次，进入意义的世界、情感的世界。

美育是一种情感体验性的教育，而情感的教育与开发，只能通过情感的作用。

（三）美育的审美自由性

席勒曾经指出，在审美的国度里，每一个人都是自由的公民。美育作为审美的一种方式，其整个过程是自由的，它使人的情感、个性得到了自由的舒展。

美育的自由性从根本上说也是由美的本质特征决定的。美是非功利的，因此美成为自由的象征。美是不涉及利害和概念的纯形式，即自由形式；审美不受利害和概念的纠缠，是自由的心灵活动。美是内容和形式的统一，是对象的形式特征表现人的自由创造活动内容的感性形象，美是劳动中、实践中自由创造的结果。总之，美、审美是自由的，从而美育是自由的。

在处于自由状态的审美活动中，人只有成为真正的审美主体，人的主体性才能得到充分的发挥。人的审美自由是与人类的整个社会实践和社会条件密切相连的，而且体现为一个发展的过程。自由是对必然的认识与对客观世界的改造。但是，人类的审美活动不同于其他活动，就在于它既表现为一种主体性活动，同时又是一种对象性活动，这是人的生命活动的自由本质的反映。

审美的自由性特征决定了美育只能以自由而不是强迫的方式进行。一个人可以在强制状态下做某件事，却不可以在强制状态下去爱或恨某事某人某物。美育中受教育者对美的体验及由此产生的爱或恨，都是自由自觉的，不受任何限制，这是美育与其他教育的不同之处。智育与德育固然重要，也要调动受教育者的积极性与自觉性，但学科本身的严肃性与逻辑性决定了受教育者必须克制自己的情感，接受与适应理性思维的训练。德育的原则虽然是人为制定的，但也是对社会生活准则的反映，难免带有一定的强制性，否则无法维持人们正常的工作与生活秩序。而只有美育，由于它摆脱了狭隘的物质与精神的束缚，使得它在方式上是轻松自如的，是能够满足个人的情感爱好与心理需要的，是能使审美主体总是处于一种精神自由的状态的。因此，美育的一个重要特点就是"通过自由去给予自由"。

审美的自由性特点，要求美育必须遵循美自身的发展规律对人进行教育。美育，实际上就是把美的必然性转化为自由。这种转化，是一个不断丰富与深化的过程，所以，美育不是短期行为，不是一劳永逸的事情，而是要伴随着人的一生的。当然，对不同的人和人的不同发展阶段，美育的方式和内容也应该是有所不同的。

（四）美育的同化与超越性

审美教育能使人自觉自愿，主动积极地接受教育，又能使人于不知不觉中受到美的感染，如"随风潜入夜，润物细无声"，这就是美育对人的潜移默化的过程。在潜移默化中，受教育者不但被熏陶而同化，同时还能使人超越个人的局限、超越现实功利的束缚，进入忘我的审美境界。

美育的潜移默化是自然而然发生的，是在审美主体主动、欣然接受美的过程中发生的。人们在对美的自由欣赏中，往往会情不自禁地沉醉于赏心悦目的美的形象和情景，如对美丽自然风景的流连忘返，对优美音乐的聆听，在意蕴深沉的绘画作品面前驻足凝视，因幽默诙谐的戏剧发出笑声……在这个过程中，审美主体不仅感受到美的无穷魅力，而且还领悟出许多深刻的人生哲理并被同化，从而使自己在现实生活中自然而然地去追求美的理想和美好的生活方式。

美育的这种潜移默化的影响，不是一朝一夕完成的，而是日积月累、逐步加深的"同化"过程。由于长期作用的结果，审美教育可使人形成稳固的心理结构和心理定向，从而对人的性格、气质、精神等产生长远而深刻的影响。经过长期的美的陶冶，人们会在不知不觉中感到不良的、低级的、丑恶的东西是不可容忍的。天长日久的审美教育，使受教育者的情感潜移默化地接受美的熏陶，精神境界趋于高尚，最终到达欲罢不能的境地。

人类创造的美总是体现着人对生活、对现实的超越性追求，体现着对世俗欲望的超越，也体现着某种超越性的创造。这就决定了美育必然具有超越性特征。它使得人们能够在接受美的教育过程中，超越世俗功利，超越现实的局限性，在创造性的想象中，实现由现实世界向审美世界的转化，实现从物质世界向精神境界的升华。

审美的超越性充分体现了人要不断开创更广阔的生存空间，不断地更新自我、提升自我，争取更高自由度的独特本性。审美的积极意义在于：在超越现实世界的各种界限的同时，开创了一个使个体的情感生命得以伸展、丰富与升华的人生的新维度。

审美超越最终归结于个体生存的自我超越。在审美中，无论是对物质实在性的超越，还是对社会现实的超越，都根源于并体现了审美主体的自我超越，这种自我超越是对个体现实存在的否定，是向着更高自由的生存状态的飞跃。

审美世界对现实世界来说是一种理想，它属于未来；但对于个体生存来说，它又是一个真实的、现时态的心灵空间，是情感生命栖息、生长的寓所。审美的生活和诗化的人生，可使人生变得充实和高尚，从而超越充满物欲的世俗人生。审美超越不仅仅具有不断指向未来的意义，更重要的是它改变着人的生存状况，实现着人生境界的转化，激发和更新着我们的生命。

第二节　美育的任务

审美教育是实现人的全面发展的整体教育的重要组成部分。根据美育的特点和功能，美育的任务主要是进行人的心灵世界的审美化建构和审美能力包括审美感受力、审美创造力的培养。

一、审美感受力的培养

审美感受力是人的审美知觉、审美联想、审美想象、审美领悟等多种能力因素的综合，是人类独有的一种在特殊情感体验状态下体现出来的审美认知与创造能力。过去，西方一些唯心主义美学家曾认为审美感受力受人的先天生理和心理因素影响。我们认为，审美感受力有先天因素，但主要是后天的审美训练和教育的结果。只有通过审美教育，积极参加审美实践，融入美的境界，直接感受、体验美的事物，才能逐渐提高自身的审美感受能力。美育的任务就是要通过审美教育，使受教育者对美的感受力不断地由浅入深、由低级到高级、由片面到完善，从而促进个人审美素质的提升。

审美感受力最基本的能力是审美知觉能力。审美知觉能力是人们进行一切审美、创造美活动的出发点，是审美能力中最基本、最初始的能力，通过审美感知，主体才能把握审美对象的感性状态，如颜色、声音、线条、形状等，进而获得美感。现实生活中的美是丰富多彩、无穷无尽的，关键在于我们是否能及时、敏锐地感受它、发现它。

审美知觉具有直觉性，审美知觉能力包含着直觉能力，所以审美知觉能力的培养包含着直觉能力的培养。直觉能力是审美中一种特殊的知觉能力，它的特点是不通过概念和推理，直接从对象的形式把握事物的内在本质。如老农直接从天上云彩的形象对天气的变化做出准确的判断；医生从刚走进诊室的病人的脸色，对其病情做出准确的判断；裁缝师傅一眼就看出做衣人形体的数据；小孩一听脚步声就知道是母亲；等等，这种凭着对事物外在形式（形象）的审察直接把握事物本质的思维方式，就是直觉。在审美活动中，美感的生成具有直觉性特征。

总之，审美就是直觉。这种能力是长期审美实践的结果。美育的过程也是培养人的审美直觉能力的过程。

审美知觉活动中往往展开联想、想象等心理活动而有所创造，所以，审美知觉能力的培养离不开审美联想能力和审美想象能力的培养。审美联想能力和审美想象能力，特别是审美想象能力，是人最具有创造性的心理能力。

二、审美创造力的培养

培养与提高人的创造力，是审美教育的直接落脚点，美育的目的就是创造更加美好的世界。创造是一种超越的实践活动，也是人的本质特性，一个人只有进行创造性的活动，才能够真正认识自我的力量，也才能够更好地生存和发展。

创造力一方面指专门的创造能力，如发现和解决新问题的思维能力，发明与制作新事物的实践能力等；另一方面指不断实现和更新着的生命活力，是健康的个体生命的基本特质与能力。后者是创造性的基本内涵，又是前者的基础与源泉。创造性思维，不同于常规而有新意的思维活动，是人才素质中最重要的组成部分之一。美育则是情感自由解放的过程，具有解放无意识，并使情感得到释放的功能，从而能减轻对深层心理活动的压抑和束缚，使情感不断受到激发，保持旺盛的活力，成为创造思维的源泉。

美育的任务之一就是激发人的创造力，主要表现在激发和丰富个体生命，使之具有自发涌现的创造欲望和动力，从而为思维和实践的创造打下基础。我们知道，个体创造性发展的关键期在童年，儿童时代是创造性发展最自由、最迅速的阶段。美育，特别是其中的艺术教育是开发和培育儿童青少年创造性的最佳教育形态。确实，以自由创造为本性的审美、艺术活动可以充分促进人特别是儿童创造力的发展；而且，有连贯性的审美教育还能使个人在成年之后仍保持着活泼健全的"童心"，从而使创造性得到持续的发展。

审美创造能力是人类按照美的规律进行物质创造和精神创造的能力，这种能力是在长期的社会实践中不断丰富和发展起来的。美学史上有人认为这种能力是先天的，或如柏拉图所说是神力凭附的结果，是先验的、神灵赐予的。这显然是一种错误的唯心主义世界观。现实生活中我们也常听到人们抱怨自己不是天才，所以缺乏创造性。实际上，先天的生理、心理素质只不过为创造性提供了可能性，而要真正获得创造性的才能，还得在不断的实践中刻苦地学习和磨炼。美育的作用，在于可以引导人们积极参加审美创造的训练和实践，激发他们的个体创造热情，使之具有自发涌动的创造性欲望和动力、高度发达的创造性能力。

审美创造力的心理机制主要由审美联想力和审美想象力构成。

（一）审美联想力的培养

人在感知外部世界时，由一事物的刺激而想到另一事物，或由一物引起对他物的回忆的心理现象，叫作联想。联想是一种内部信息的交换过程，是外来的信息同大脑中原有的储存的信息相沟通而实现"表象回忆"或"表象转移"的过程。联想作为一种心理能力被称为联想力，美感活动中的联想即审美联想，而审美心理能力就叫作审美联想力。

审美联想可以使审美活动获得更丰富的审美信息，建构出更丰富的审美意象，引起更强烈的审美愉悦。

联想包括相似联想、接近联想、对比联想、因果联想等。审美联想能力包括这几种联想能力。

相似联想指由一事物想到与之具有相似性质或形态的另一事物的联想，也叫类比联想。

接近联想指由甲、乙两事物在空间或时间上的接近而引起的联想。

对比联想指由某一事物的感受引起和它相反性质或特点的事物的联想。

因果联想指由一事物想到与它有因果关系的事物。

以上几种联想的心理能力在审美活动中具有重要的意义，可以说，没有审美联想就没有审美想象，就没有审美创造。

联想能力来自生活经验的积累。在生活中获得和贮存的信息越多越丰富，直觉能力和联想能力就越强。一个总是生活在一个小圈子中的人，少见世面的人，生活贫乏，这两种能力必然低下。科学测定表明，人脑在1/10秒中可能接受1 000个信息单元，称为比特。可见，人脑贮存的经验信息量是相当大的。一般来说，年龄大的人贮存的经验信息量比年龄小的人多，生活圈子大的人贮存的经验信息量比生活圈子小的人多。但因为现代生活信息不全来自亲身实践，还大量来自书本和各种现代电子媒介，所以，现代人贮存信息的多少已非单以年龄论定了。这就是说，要提高自己的联想能力，除了直接的生活经验外，还要通过书本和各种现代电子媒介摄取更多的知识。

（二）审美想象力的培养

人在感知外部世界时，对已感知的事物形象（表象）进行加工改造而形成新的形象的心理活动就是想象。想象是重新组合表象的心理活动，其作为一种心理能力，又称为想象力。在审美活动中，想象就是人们对已感知的美的事物形象进行加工改造，形成新的审美意象的心理活动，这种能力就是审美想象力。换句话说，审美想象力是人们在直接观照审美对象的基础上，调动过去的积累，对审美对象进行补充、完善或对各种表象进行重新组合，从而创造新的对象的一种能力。

想象最突出的特点就是创造性。审美想象是一种创造性的思维活动，通过想象，人们可以创造和认识没有感知过的事物和形象；还可以超越时空的限制，打破生死、人神的界限，创造新鲜的、丰满的、奇特的审美意象，使之比原来已知的形象更引人入胜，激起人们更加强烈的兴趣，从而极大地丰富人们的精神，以致有人说，美感就是"想象的乐趣"。就艺术创作而言，可以说想象是最根本的独创能力。

想象与联想关系十分密切，可以说你中有我，我中有你，难以区分，以致有人把两者当作一回事。其实它们是有区别的。第一，联想侧重追忆，由一物想到另一物，较保守，侧重过去，不一定创造新形象；想象侧重未来，以创新为主，常常创造并形成新形象。第二，联想较被动，由一物想到另一物时受到原先事物较大的限制；想象较主动，可以超越原来的事物主动构成新的形象，思维更纵横驰骋。所以想象不等于联想，但想象必须以联想、追忆为基础，可以说没有联想就没有想象，而没有想象就没有创造。

想象力分为以下两种。

第一种是被动性想象力。被动性想象力指受知觉对象牵制、不脱离知觉对象的想象力，即表象的重新组合是以眼前的知觉对象为基础或原型的，所以也称为知觉想象力。如阅读文学作品对人物形象的想象，是不能离开文本的。

第二种是主动性想象力。它指由一物的触发而引起对记忆中各种表象的新的综合的想象，有人称为综合想象力。在这种想象中，想象主体不被触发物所牵制，而是充分发挥主观能动性进行自由创造，所以相对于被动性想象，可称为主动性想象。主动性想象创造出的新形象，有以下两种情况。

一种是新形象包含着原触发物形象，但已滋生出许多原触发物没有的新的形象因素，与原触发物形象相去甚远。另一种是新形象完全摆脱了原触发物形象，最后想象创造出来的形象是全新的形象。

审美想象力是一种重要的思维能力，它需要一定的学习和审美训练，才能逐渐发展起来。美育的重要任务就是要培养这种想象力。

第三节　美育资源与艺术教育

一、美育资源

审美教育的资源是多种多样的。自然美、社会生活美、艺术美，都是审美教育的资源。

（一）自然美资源

大自然之美，美在大自然的丰富多彩。如同是名山，却有不同的面貌，历来有"泰山天下雄、黄山天下奇、青城天下幽、峨眉天下秀、华山天下险"的说法。即使是同一片山，各个山峰也往往各有特点。大自然的美，也表现在大自然的勃勃生机上。大自然以其绮丽的风光、绚丽的色彩和蓬勃的生机而呈现出各种美丽的风貌，是实施美育的极好资源。

（二）社会生活美资源

日常生活中，也处处存在着美，这也是审美教育的重要资源。中国古人就特别注意到日常生活中的美，也特别重视在普通的日常生活中营造美的氛围。中国人喜欢喝酒，他们在酒香中创造了一种美的生活氛围。

节庆假日中，也处处有着美的因素。节日中，人们的生活变得丰富多彩。如除夕，自古就有通宵不眠、守岁、贴门神、贴春联、贴年画、挂灯笼等习俗，流传至今，经久不息。春联以工整、对偶、简洁、精巧的文字表达美好愿望，是我国特有的文学形式。在贴春联的同时，一些人家要在屋门上、墙壁上、门楣上贴上大大小小的"福"字，寄托了人们对幸福生活的向往，对美好未来的祝愿。放爆竹是节日的一种娱乐活动，可以给人们带来欢愉和吉利。除夕前后，人们都挂起象征团圆意义的红灯笼，来营造一种喜庆的氛围。春节更是民众娱乐狂欢的节日。元日以后，各种丰富多彩的娱乐活动竞相开展：耍狮子、舞龙灯、扭秧歌、踩高跷、杂耍诸戏等，为新春佳节增添了浓郁的喜庆气氛。元宵节是春节之后的第一个重要节日，在这一天有出门赏月、燃灯放焰、喜猜灯谜、共吃元宵等传统习俗，还有耍龙灯、耍狮子、踩高跷、划旱船、扭秧歌、打太平鼓等传统民俗表演。端午节有赛龙舟、挂艾草与菖蒲、吃粽子、戴香包、饮雄黄酒等活动。中秋节赏月和吃月饼，是中国各地过中秋节的必备习俗。中秋之夜，仰望明月，闻桂花香，喝桂花酒，阖家欢乐，成为节日一种美的享受。重阳节多有出游赏秋、登高远眺、观赏菊花、遍插茱萸、吃重阳糕、饮菊花酒等活动。这些活动，也是富有审美因素的。

（三）艺术美资源

大自然的美、社会生活（包括节庆假日）的美，都是重要的美育资源。但美育资源中，最重要的是艺术的美。艺术教育是实施美育的主要手段。这是因为，优秀的文学作品所描写的大自然，是杰出诗人、艺术家用自己的眼睛看到的大自然，优秀文学作品所描绘的大自然，已经包含了艺术家的智慧和敏锐的感受力。对此，无论是诗也好，画也好，音乐也好，雕塑也好，在它们成为艺术品之前，首先必都是艺术家心中的意象。造成这意象的便是艺术家的知识和智慧，便是艺术家的心灵的美。经过了艺术家的一番陶铸经营，才把它外化为有形的、具象的美。那就是人们所爱好的艺术品。

审美教育中，艺术作品的欣赏具有特殊的意义。可以说，美育的实施，首先就是接受古今中外优秀的艺术作品。通过欣赏艺术作品而培养欣赏美的能力，获得一种审美的眼光，以此眼光看待大自然和生活，这是审美教育的关键，也是美育的实施途径。艺术作品培养了人感受大自然之美的能力。

二、艺术教育

艺术教育具有多方面的功能。首先是培养人的感性能力。感性能力，即是与形象、形式打交道的能力，包括感知能力、形象记忆能力、联想与想象能力。这些都是人的重要的能力。

（一）培养人的感知能力

艺术教育首先是一种形象的、形式的教育。以美术为例，常人对于颜色的区分仅仅局限于赤橙黄绿青蓝紫，以及这几种颜色屈指可数的几种不同程度的变化颜色。然而，作为美术的基本素养之一，却需要敏锐地察觉到几十种甚至上百种颜色的变化与微小差异。根据心理学的研究我们知道，人类在任何一项技能中习得的品质和习惯都会内在地成为作为"人"的品质和习惯。美术学习中对于颜色的敏感性也必然会内化为一种敏感性的品质。再如音乐，常人只知道七个基本音级和五个变化音级，然而，通过音乐艺术的学习，可以逐步培养出学习者对于泛音列、微分音的辨识力，从而内化为"人"对于事物的敏感度。文学也是如此。阅读文学作品，无疑会提高人对语言的丰富含义的感受。

（二）培养人的形象记忆能力

艺术教育也培养人的形象记忆能力。人的形象记忆能力也是一种非常重要的能力。人只有把感知得到的形象记忆到自己的内心，才能建构起自己的心理世界。形象记忆对想象力也有重要的作用。

形象记忆是感知得来的，但它又是感知的基础。不存在没有充满记忆的知觉。借助于我们当前感觉的瞬间资料，我们又从自己以往的经验中选出上千个细节，并把它们混合起来。在大多数情况下，这些记忆取代了我们的实际知觉，我们只把为数不多的暗示保留在实际知觉中，而仅仅把它们用作能使我们回忆起先前形象的"符号"。知觉的方便性和迅速性就是以这样的代价换取的。

（三）培养人的想象力

艺术教育培养人的创造力。构成有效思考的另一个因素是想象力。想象力是根据具体的思想和形象进行思考的能力。它能细致地体察我们人类的希望、恐惧、优点和缺点，并能在最具体、最完整的意义上唤起健全的人格。在实际事务中，想象力提供了一种打破习惯和常规、帮助人们看到平淡无奇的事物之外的世界或构想出新方案的能力。它不只属于艺术家，它也是发明者和革新者的动力。

诗有触类旁通的道理，所谓言在此而意在彼，言有尽而意无穷，从有限可见无限，诗的引人入胜处也就在此。作诗和读诗都需要既见出此人此物此事，又见出此人此物此事以外的广大天地。

想象的特点就在于能在表面极不相似的事物之中发现类似，把在自然中原来是分开的东西结合起来。这就是创造新事物的过程。诗人教会我们用他们的眼睛来看世界，来认识到有限中的无限，因而从自我的窄狭天地中解放出来，发现这世界永远是新鲜的，这生活是值得生活的。想象力就是"触类旁通"的能力。这就是说，美育、艺术教育与智育有着非常密切的关系。而且，诗是人的"解放"。

思维总是企图界定某种事物，划定某种事物的界限，但这种界限是不能绝对划定的。我们应该承认思维的局限性，但也正是思维逻辑走到尽头之际，想象却为我们展开一个全新的视域。想象教人超出概率性和同一性的界限，而让我们飞翔到尚未实际存在过的可能中去。但尚未存在过的可能性并非不可能，想象的优点也正在于承认过去以为实际上不可能的东西也是可能的。想象扩大和开拓了思维所把握的可能性的范围，达到思维所达不到的可能。思维的极限正是想象的起点。想象是超逻辑的——超理性、超思维的。逻辑思维以及科学规律可以为想象提供一个起点和基础，让人们由此而想象未来。思维以把握事物间的相同性（同一性、普遍性）为己任；想象以把握不同事物间即在场的显现的事物与不在场的隐蔽的事物间的相通性为目标。对后者的追求并不排斥对前者的追求，只是后者超越了前者。我们说想象是超理性、超思维、超逻辑的，就是这个意思。

（四）培养人的同情心

艺术培养人的同情心。艺术让人能够接受他人的精神经验。艺术作为社会现象，其存在的意义在于，它使个别人积累起来的精神经验变为社会的财富，即从一人传给另一人，从一代传给另一代。艺术的产生是为了尽善尽美地组织人们的交往，艺术在人类历史的全部时期内，始终被人们用来实现这一首要的目的。对于个人来说，艺术的价值在于，它使个人参与另一个人的精神活动，能够以特殊的灵敏和充满诗意的热忱理解世界。换言之，艺术使人能够获得莎士比亚、伦勃朗以及贝多芬的天才所创造的东西，从而变得更加聪明，更加敏慧，精神上更加丰富。艺术更能够让个体了解自己的内心世界。艺术家还有更重要的能力：它能获得并传播另一类信息，即它能揭示发生在人的心理和个人的精神世界深处的极为复杂的过程。多亏艺术，人类才得以深刻而细致地理解人的心理、人的感情，思想和意志的相互联系。艺术就像一面魔镜，每一个人从中不仅可以看到臆想出来的另一个人，还能在这个虚构的人的身上看到真正的自我，看出自己身上的许多非常深刻和重要的东西。

在此基础上，艺术让人获得了感受、体察他人内心世界的能力。能够对他人的情感、他人的喜悦与悲伤感同身受，也就是说，艺术让人具有深广的同情心。在艺术家、文学家那里，我们可感受到人可以有着怎样的情怀。他们不仅关心别人，关心自己的同胞，甚至关心、顾惜一切生命。

文学艺术的教育在培养人的同情心方面有重要和特殊的意义。不仅仅因为文学艺术作品展示了文学家、艺术家的情怀，也因为文学艺术培养着、丰富着人的想象力，而同情心的发展有赖于人的丰富、活跃和逼真的想象能力。

第三章　音乐美育

第一节　音乐美育价值概述

通常我们都是从是否可以满足以及如何满足主体的需要来考察和评价音乐审美教育的。人类社会的整个发展历史其实就是人类自身逐渐完善的历史。人类社会对于人的素质，在每一个阶段都会提出不同的要求，是一种特殊的关于"质"的要求。从人类的幼年开始，由于原始人类进行的狩猎劳动主要是为了满足自身生存与繁衍后代的基本需要，因此主要造就的是具有"功利素质"的人；进入奴隶社会和封建社会后，主要以"伦理素质"作为高素质人的体现；到了资本主义时期，"智力素质"成为高素质人的衡量标准；现代社会，对人才素质的要求已从"智力素质"过渡到"审美素质"，具备审美素质的人是综合型高素质人才的发展前提。大到飞机轮船，小到一个零件的设计，无不体现出审美对人类创造创新发展的推进。

音乐美育对于人的艺术审美来讲有着非常高的要求，而人的艺术审美是建立在他本身的审美经验基础上的。这里所说的审美经验是指当我们在欣赏美的自然、美的艺术品或者优美动听的乐曲时所产生的一种愉快的心理体验。它是源于人的内在心理活动与审美对象之间相互作用或相互交流后产生的结果。音乐美育能教育和培养人们善于发现美、感受美，让人们通过教育培养后能够把握人自身和世界的美。

一、音乐美育能促进审美主体的发展

音乐美育的根本意义就在于培养人，也就是要来塑造审美主体。审美主体包括人的审美观念、审美心理素质和思想作风与情操。其中，审美观念包含人的

审美趣味、审美能力、审美理想和审美标准；审美心理素质则包括人的感知、想象联想、情感体验和直觉、形象和逻辑思维等方面；人的思想作风与情操是在审美观念和审美心理素质基础上形成的。音乐美育是人的自我完善过程，也可以说是一种人自我生成的教育过程。在人类社会实践中，音乐美育既从中而来，又可以反过来去影响和促成人类社会实践。社会生产力发展一定会制约着这个时代的音乐美育发展水平及其内容形式。原始氏族部落时期，人们处于一种狩猎生产阶段，这时的音乐美育活动主要是具有明确的实用功利目的的，例如，可以作为巫术礼仪的表现手段，具有神秘含义，通过集音乐、诗歌、舞蹈三位一体的原始乐舞形式来实现人们对于狩猎生产的表达。随着人类社会生产力的不断发展，音乐美育的内容和方式也越来越多样化，逐渐丰富起来。音乐美育不再仅仅是对自然美和社会美的欣赏，还包括了人们对于各种音乐作品的聆听与鉴赏。音乐美育作为教育活动之一，它会受一定的社会政治、经济、文化等的极大影响，这种活动在进行的过程中是以物质条件作保障的，所以说社会生产力和一定的物质生产条件对音乐美育活动影响非常大。

音乐美育与一般教育的不同点在于：音乐美育是人们凭借形象思维的方法，按照美的规律，引导人们对于美进行感受、鉴赏和创造的一种活动，是在对人的潜移默化的过程中实现的。音乐美育是通过人对于美的真切感受，引起其内心感情的激荡，造成感情的共鸣，使之在愉悦中受到教育。

树立崇高的审美理想是音乐美育的结果。这种审美理想体现了人们追求至善至美生活的完整的、具体的形象，它是在人们的社会实践基础上产生的，对于个体来说，在对音乐美育的不断接受过程中会逐渐树立起审美理想。审美理想会支配一个人的审美活动，也会决定他的审美标准和审美观念，人们往往通过审美修养去达到他所设置的目标。树立崇高的审美理想，也是树立审美人格的问题。

音乐美育能形成人的良好乐感。乐感一般可理解为在生理上具有正常的听觉，在心理上具有对音乐的审美感受能力，包括音高感、音色感、节奏感、旋律感、和声感、音乐形式感，以及良好的音乐记忆力和音乐想象力等。通过音乐美育，人的音高感可以达到相当灵敏的程度，对于音色的分辨也是如此，良好的音色感不仅能分辨不同的音色，而且能通过记忆做出判断，产生一定的知觉，并通过联觉（即心理学上所说的通感）造成一定的视觉形象，从而激发想象联想，产生一定的感情波动。音乐的节奏与现实生活密切联系，其动力感能使人产生丰富多样的联想。当然，一个人的生活经验丰富多样与否，与节奏的联想也有重要的关系。旋律在音乐中最富有表现意义，它可以细致入微地表现出人的感情变化，可以使所有的听众得到大致相似的印象，而不论其时间、地区、国籍、民族的差别。人们在一定的音乐熏陶中，会形成一定的旋律习惯而悟出一定的旋律意义。同样，通过音乐美育，人们会具备一定的和声感。通过对音乐的学习与接触，人们对音乐的形式感也会有所提高。但由于记忆力、逻辑思维能力、抽象概括能力的差异，会使每个人的形式感不同。音乐记忆力与音乐想象力的提高，更离不开音乐实践活动。

优良的作风和高尚的情操是可以从音乐美育中获得的。一首优美、庄严、崇高的乐曲，能给人以愉悦的享受，并给人以精神力量，甚至使人变得高尚而伟大。

音乐美育还能促进人对音乐创作、音乐表演、音乐欣赏能力的不断提高。音乐美育中的音乐实践，包括欣赏、表演和创作三大环节，音乐创作是基础。从美学的意义上看，音乐创作是一种受审美经验支配的创造性劳动，这种创造性劳动是以音响的形式把内心的体验反映出来，它始终受到审美活动的支配。音乐的想象是音乐创作的动力和源泉。通过音乐美育，人的音乐想象力将会有所提高。在音乐美育中，人的音乐表演才能将不断获得提高。人的音乐表演才能不仅表现在其高超的表演技巧上，而且还表现在其具有丰富的人生体验和广博的文化艺术修养上。深刻的思想对于音乐表演者来说，主要是指他对生活、对艺术要有自己的见解，自觉地把音乐表演艺术与人类追求进步和社会正义的事业联系起来。通过音乐美育，人们对生活、对人类的思想情感必将有着丰富而深刻的体验。这种体验不仅对像歌剧这样直接表现生活情节和人物形象的音乐表演有直接而密切的关联，而且对于器乐，包括无标题音乐的表演同样具有重要的意义。广博的文化艺术修养对于音乐表演的作用，曾被许多表演艺术家所重视。音乐美育尤为重视人们在生活、思想和文化方面的修养。在音乐美育中，人们广泛地倾听到各种类型和不同风格的音乐，由此一方面可以增进人们对音乐的兴趣，另一方面也使欣赏者从比较和鉴别中提高音乐欣赏能力。

音乐审美境界是音乐美育和人的自我修养所要达到的最高阶段，它表明了音乐审美主体通过音乐美育与自我修养所取得的积极成果。音乐境界在我国古代音乐美学中是指情景交融的状态，也就是艺术美的最高形态。它摆脱了一切束缚，达到了情感与理性的融合。音乐美育的目的，要求受教者能够有意识地主动去创造音乐审美境界。这种境界能使音乐实践者在不断变化的音乐运动形态中用心把握，运用内心听觉，在头脑中形成对于音响运动的真切或模糊图像。一个人如果具备了高超的艺术审美境界，那么在音乐表演中就会在追求中获得最佳的感知体验。审美境界是人们在理性的支持和指引下，在深刻的人生体验和广博的文化艺术修养的基础上形成的。而音乐的审美境界，则来自审美主体的个人修养与审美体验。

审美修养是一种自我进行的音乐美育活动及其成果。如果说音乐美育是建设社会文化人格的重要组成部分的话，那么音乐审美修养则是文化人格的自我完善。音乐美育不仅使人的主体受到审美形式的教育，而且更主要的是培养主体能自觉地按照美的规律来塑造自身的形象。丰富的音乐艺术修养与理解音乐作品的程度呈正相关，同时也预示着人们的音乐欣赏能力所能达到的水平。

二、音乐美育的价值系统

（一）音乐美育在提高人类审美文化中的价值

音乐美育作为社会文化的一个系统，有其特殊的效能。人类的社会生活实践主要是生产劳动实践，与审美文化活动紧密相连。其表现方式有三种：第一，如劳动审美学，它是实践活动的审美文化；第二，业余活动中的审美文化；第三，文学艺术的审美文化。音乐美育的社会文化功能还体现在社会生活的表征功能方面。审美文化是人的本质力量的表现，又是人们社会生活的表征。它既是人们社会生活情态的表征，又是人们社会心理、时代精神的表征。音乐美育还体现了社会生活的团聚功能。审美文化在社会生活中能起到沟通人际关系的作用，并具有信息传播的功能。因为审美文化是一种大众化的传播手段，社会生活中传播信息的一种重要手段。音乐美育能促进审美文化的发展，对社会生活产生重要的作用。

（二）音乐美育在精神与物质生产中的价值

音乐通过与非音乐因素的结合，可体现一定时代的阶级、民族的社会意识。其中先进的社会理想、进步的政治、积极的民族精神可影响群体的意识，使他们积极投身到变革社会的斗争中去。反映被压迫、被侵略民族爱国思想的音乐作品，可动员全民族人民奋起反抗压迫者和侵略者。

音乐美育可使人通观了解整体艺术。音乐具有一种对一切艺术与科学的神奇亲和力，因为一切艺术都趋向于音乐。诗的语言与音乐的品质密不可分，音乐美是诗人十分重视的表现因素。建筑是凝固的音乐，舞蹈是可见的音乐，电影是光的音乐。音乐的节律化是音乐艺术内在的发展动力。音乐的结构原则、思维方式对其他艺术具有重要的启迪作用。音乐美育，能使人在艺术殿堂里自由翱翔。

音乐，在人类物质生产与创造中，可以满足人们生产的承续和发展的某些需求。因此，音乐美育在人类的物质创造中也具有重要价值。如各民族的民歌，有涉及在田野、草原、森林、海洋等劳作时的各种"劳动号子"，人们在集体劳动中演唱劳动歌曲，可以协调劳动节奏，统一带动劳作步伐，激发生产热情与干劲，缓解单调、繁重的劳作所形成的心理压力与体能消耗。可见，音乐美育的价值体现于人类精神生产与物质生产中的方方面面。

（三）音乐美育对人自身生产的价值

人的生产创造，不只是人的繁殖、生命延续的需要，更重要的是人的本质结构、心理结构的全面构建，以及人作为一个新型的创造者其素质不断提高的需要。音乐美育对人自身生产的价值具体体现于塑造人格的道德价值，充分开发人类才能的智力价值，促使人类身心健全发展的健康价值等方面。

音乐美育可以引人向善，具有培育主体高尚的道德品质、崇高的理想、良好的行为、优秀的人格的作用。音乐美育可以培养人们良好的性格，使积极的性格特征得以肯定与发展。正确提示人与现实生活的关系，歌颂正直、善良、诚实等品性，鼓励人们以积极态度对待现实的音乐作品，可以使人的性格趋向积极、朴实、忠诚。反映人类与自然斗争、与命运斗争的作品，能培养人们积极的进取心与坚强的意志。热情、气势宏伟的音乐，可以使内向型的人摆脱孤寂、羞怯，开阔胸怀，敞开心扉。宁静深沉的音乐，可以使外向型的人免于浮躁、喧嚣，使之心境平和沉静，思索深入细致。音乐美育还可以培养人的意志力。音乐中所展现的人类与大自然、与命运、与黑暗势力斗争的本质力量与坚强意志，都会激励人们的奋斗精神，激发人的主观能动性与拼搏的潜能。

此外，演奏抚弄乐器，对双手灵敏度的训练极有好处，可以大大促进大脑左右半球的发展。尤其人的想象力、灵感与直觉能力，都与右脑的开发、训练有密切的关系。由于左右脑与躯体的神经联系是一种对策关系，左手、左脚的运动可以使右脑在不断的反馈中得到锻炼。音乐美育中的演奏活动，可以解决一般实践活动中左手使用少的问题，使右脑的潜能得到开发。左手的快速运动使右脑的神经元受到刺激，在频繁的信息传递中担负神经元之间的信息传递的突触，其功能必然增强，数目必然增多。音乐欣赏与演奏还可调节大脑左右半球的活动节奏，使其有规律、有节奏地交替运动，协调地工作，从而提高工作和学习效率。

从真、善、美的角度看，音乐美育可以全面塑造人的本体，并形成由真入美、以美成善的发展链。培养丰富而积极的情感结构与探索真理、寻求客观规律的创造力，是音乐美育的本质所在。人类生命的意义，不止在于人的生存、发展和创造，还在于人的精神与宇宙的融合。音乐通过艺术形象表达出人的喜、怒、哀、乐，可促进人类的智力发展，扩大和加深学生对客观现实的认识，可以给人以思想影响，帮助人们提高政治觉悟，形成崇高的道德品质，促进学生身心健康发展。总之，音乐美育是全面发展教育的重要组成部分。

第二节　音乐美育与学生的健全发展

教育是培育人的工作。促进人的素质全面发展是教育的根本任务和目的。音乐美育作为整个教育系统中不可缺少的一个重要的有机组成部分，它对促进人的健全发展会起到什么作用呢？这是每一位音乐教育家、音乐理论家必须首先思考的问题。随着时代的发展，人们对人的健全发展这一概念内涵的认识也在不断地变化和完善。我们认为，所谓人的健全发展，必须包括生理发展、认知发展、品德发展、情感发展等诸方面。而以上诸方面的发展，又与人的身体素质教育、科学文化知识素质教育、政治思想素质教育、审美素质教育和劳动素质教育有着密切关系。在人的综合素质教育中，以上诸项紧密相连，相互依存，缺一不可。若偏废任何一项，对人的全面发展都是极为有害的。德育、智育、体育与美育的关系，不是一种加法，而是一种合化，前三种教育离不开美育，美育的作用渗透在前三育之中。音乐美育作为美育中的一个门类，对促进人的健全发展能够起到特殊的作用。

一、以情怡心

我们喜欢音乐、热爱音乐，是为了在其中获得更多的快乐，享受音乐带给我们的美感，在宣泄我们个人的情愫后，获得一种愉悦而轻松的心情与心境。其实，音乐美育的教育方式、手段和目的不同于智育的求知目标，更不同于德育的行善目标，也不会是为了获取某种功利。音乐美育的实施并不是靠一个人内在的自我强制约束，也不是靠外在社会带来的压力，更不是通过利欲的引诱完成的，它只能靠生动、优美、最直接听到的乐音形象来感染人、吸引人，它可以使受教育者在一种自由自在的氛围中潜移默化地受到教育。音乐美的本质特征，实际上就是一种情感教育。

音乐美育以情怡心的功能，表现为给人们提供了健康的娱乐和消遣。随着我国教育观念由应试教育向素质教育转变，学生除了学习之外，如何度过闲暇时间，对一个人的情感状态和心理健康都颇为重要。大学生心理、情感正处在发展完善的重要时期，如果我们每一位学生在紧张的学习之余都能参与一些带有一定娱乐和审美趣味的音乐实践活动，在一种轻松自由、能充分展示个性爱好的环境中健康地成长，则往往能够消除大脑和身体的疲劳，减轻精神的压力。这样将会大大有益于学生精神的放松，并使学生的性情得到和谐自由的发展，同时还能提高学习效率。

二、以情启智

音乐美育最重要的特点是以情动人、以情育人。音乐审美活动不仅能增强人们探索真理的热情，激发创造性思维，而且还能启迪人们的智慧，拓展人们的思维空间，引导人们探索科学规律。

每一位想要在事业上有一番作为的人，都需要有饱满的热情和丰富的想象力。学业和事业本身，虽然不能内在地包含任何主观情感内容，但在其过程中却需要一定情感的推动。一个毫无热情和完全缺乏想象力的人，很难成就一番事业，更不可能在科学研究中有重大发明。历史上大量的事实证明，许多有重大发明的科学家，在探索真理的过程中都怀有对宇宙秩序和天人合一的音乐审美情感，而这大都与他们青少年时代接受过一定的音乐审美教育有关。为什么音乐审美情感能对科学研究产生这种积极作用呢？我们认为这是与音乐艺术这一美妙丰富的感性形式分不开的。追其原因，大约有如下几点。

第一，音乐审美教育能开发人的大脑。我们知道，人的大脑左右半球的功能各不相同，左半球以管语言为主，形成抽象思维；右半球以管音乐、图画为主，形成形象思维，如果我们片面发展左半球或右半球，而不是同步发展左右半球，就有可能导致大脑整体发展的不平衡。第二，音乐审美教育所具有的对心灵的松弛作用，能消除人们在工作中的过度紧张和疲劳，从而为创造性想象力的充分展开提供条件。第三，音乐审美教育对科学研究的启发作用，还表现在音乐审美教育能培养人们在探索客观事物的规律中，运用一种无意识或直觉领悟的能力。

三、以情导善

音乐美育作为一种由外至内都体现着自由的感性形式，不但在其中积淀着美和智，而且也潜藏着善。音乐美育最重要的作用之一，便是在潜移默化中使人的良知和德行得到积累，并进而凝聚和积淀为一种自由的道德心理结构和行为模式，使人逐渐变得更为纯真和善良。人们希望通过音乐审美教育构筑起一个完善的审美心理结构，使人具备强烈的音乐审美感受力和敏锐的音乐审美判断力。这样人们在接受大量的优秀音乐作品的同时，就可以把音乐的美感和他们体验到的快乐吸收到心灵中，并且逐渐使自己的心灵、品德和行为变得更为完美、更为高尚。人们一旦有了这种美好的心理，就可以自觉地按照高尚的审美理想去审度自己和他人的心灵和行为，同时根据美的标准和尺度去判断自然、社会、人的美丑。而由于整个社会审美心理的普遍形成，又能改变和促进人的健康发展，从而形成一个社会与人和谐发展的良性循环的大环境。

音乐美育如何促进一个人向善而行？它与德育相比，有哪些不同的特点？首先，德育即道德教育，它主要是通过社会舆论和固有意识的行为规范来约束人的行为，一个人的理智对于德育而言可以非常直接地体现，德育总是以说教的形式对人的言行进行要求和规范，要达到社会道德行为和客观社会的价值标准。要想使德育教育真正在每个人的心灵深处扎根，使人们日常的言行、情感及思想意识等能够自觉地遵循社会道德规范的要求，可注意发挥艺术审美教育的独特作用，将美育融入德育中，可避免呆板单调的说教方式。可以说，音乐审美教育既不带有任何强制性手段，又不带有个人功利性色彩，是在诉诸人的情感和唤起人的情感的过程中，以审美的方式来培养和完善人的道德人格，因此音乐美育与德育教育相比，音乐美育对受教者的感染力将会更强烈、更自然、更深入、更持久。

综上所述，音乐美育以其独特的教育内容、教育方式、教育途径渗透于人的健全发展过程中，成为素质教育中不可替代、不可缺少的学科门类。多年的音乐审美教育实践证明，音乐美育能使人的心理和情绪获得健康的发展，能调节、培养、丰富人的情感结构，使人获得接受美、排斥丑的心理定式和健康向上的审美意识。这不仅给人以美的愉悦、真的启迪，而且还给人以善的诱导、健的促进，它在"润物细无声"的春雨中，渗透至人的心理、情感等各个领域，对促进人健康全面的发展起着重要作用。

第三节　音乐审美意识和审美趣味

一、音乐审美意识

音乐美育是在一定的审美意识的导向下进行的。音乐美育是使用各种音乐审美形态来进行教育，而音乐审美形态是具有一定时代性的具体的审美意识特征的。因此，审美意识对音乐美育的实施起着控制、调节、预测的作用。

（一）音乐审美意识是以音乐感知为基础的意识活动

音乐审美意识是以音乐感知、情感体验与审美评价为基本环节的意识活动。正如人类的意识是以客观存在为前提一样，音乐审美意识作为人类意识的一种特殊存在形式，它也是以作为审美对象的音乐美的存在为前提的。没有音乐艺术的美，就不会有音乐审美意识的产生。人的审美意识是由艺术的产生而获得发展的。

音乐审美意识的产生，归根结底，是以音乐艺术的存在为前提的，并且随着音乐美育实践活动的不断深入而发展。远在创造出文字、掌握语言符号表达能力之前，先民们早就拥有了比我们要丰富得多的音乐活动，它极大地开发了他们包括音乐的听觉审美能力在内的音乐才能。那些留存至今的原始乐器及其测音结果，以其文化的物化形态与心理遗存为我们展示了原始先民音乐审美感知的心理形态，使我们可以清楚地了解原始先民的音乐审美意识的产生与发展。这种音乐审美意识是由先民在音乐实践中形成，在审美意识上对听觉审美尺度的明确要求和把握中所确定的。

（二）人的主观因素在音乐审美意识中具有决定性作用

音乐审美意识作为人的一种主体能力，作为人的一种本质力量，人的主观因素在其中具有决定性的作用。只有人的本质力量对象化，音乐的审美意识才会发生。从乐音感知的听觉基础讲，人的听觉器官接受乐音声波的振动，并产生相应的主观感知效果，本身就受制于人听觉器官的自主选择。表面上，人耳被动反应而实际上已包含了对外在事物的适应、调整与选择。从对乐音形式美的感知的意义上讲，人的"音乐的耳朵"产生、形成的历史，本身就是一种不断调适、选择外在音响世界中美的乐音的历史。仅就人对声音及乐音的选择与适应而言，它不仅反映在人耳对"可听声"的自然选择上，而且也反映在人耳对和谐乐音主动的文化选择上。不同民族在不同历史时期所表现出来的对音乐形式美的主动选择与把握，反映的正是一个民族在一定历史时期内的审美意识。只有当审美主体作为一个社会的实践者的人，在对音乐艺术的审美观中产生了作为人的本质力量来肯定音乐审美感受时，音乐的美对他来说才能成为一种真实的客观存在，他才能真正具有音乐的审美认知。音乐的实践从来不能离开人的个体观念。音乐美育作为对人的音乐教育的一种方式，除了培养受教育者在音乐方面如节奏感、音准感、乐感、和声感有所提升外，更强调的是通过具体的乐教使他们的灵魂得以净化与升华。在这一具体的过程中，每个人都有着不同的背景、不同的审美趣味和不同的文化内涵等，他们在这一客观实践中必然带有各自明显的主观印迹，他们对事物的认识与接受敏感度也有着各自不同的特性，音乐正是每个人不同的本质力量在音乐审美感受中的肯定。

任何一种音乐行为都有一定的观念在其中起着重要的支持作用，不同的文化观念在音乐审美活动中会产生不同的结果。音乐的观念意识是在音乐活动中形成的，这自然就有音乐美育对受教育者的重要影响，使他们形成一定的音乐观念，包括音乐的审美观念。

（三）音乐审美意识的发展反作用于音乐美育

人的音乐审美意识的发展又会影响和促进音乐美育的深化。因为没有审美主体的审美意识的高度发展，音乐艺术及其一切活动的深入发展是不可想象的。音乐审美意识的反作用集中表现在人对音乐感悟能力的提高上，从而使音乐美育的实施更为系统、全面。由于音乐审美意识的积极参与，人们的心灵在抒情、优美、崇高的音乐中可以得到净化、升华。又由于音乐艺术具有非语义性与非造型性的特性，因此它对现实生活的表现，更多地是以主观的心理体验与情感态度的方式进行的，即更多的是客观因素消融在主观因素之中，所以，受教育者在美育过程中的主观能动性的发挥与审美意识的参与具有重要的作用。也正是由于音乐审美意识的积极参与，音乐美育才能得到具体的实现。音乐审美意识的作用还表现在它对现实生活美、对人的思想情感美的形成与发展所起的作用上。音乐审美意识的培养，不仅能使音乐美育深化，更能使人们愉快、自然地接受音乐及相关知识。没有人的情感意识，就不可能有人对真理的追求。人类音乐审美意识的发展是音乐美育得以成功的最基本条件，当枯燥的公式化为美的意识形态，当课堂教学的气氛有了节奏和生机，当师生之间的关系变成一种自由的、相互谅解的交流关系的时候，知识的教学气氛就变得容易和轻松，成功的可能性也就大了。音乐审美意识的发展，必然带来音乐美育的深化。

二、音乐审美趣味

音乐的审美趣味是审美主体在审美活动中表现出来的对某些对象或对象的某些方面的主观情趣、喜好和追求。音乐类型的喜好是因人而异的，可以说每个人都有自己的兴趣和爱好。审美趣味是人们的审美经验、审美理想、审美情感、审美态度、审美能力的一种表现。在音乐美育中，我们特别讲究个人的音乐审美趣味，因为个人审美趣味关系到实施音乐美育的效果。唯心主义认为，审美趣味是一成不变的直觉能力；机械唯物主义认为，趣味是人的一种生理本能，这都是不正确的认识。审美趣味受先天气质的影响，但主要还是在人的现实的审美活动中培养形成的，是人的主体实践的产物。它与人的修养、思想、阅历、受教育水平等密切相关，也受时代、民族、阶层等因素的影响。

音乐审美趣味因人而异，各有不同。它牵涉到个人的审美倾向性和审美鉴赏力的问题。也就是说，音乐审美趣味虽然是以个人的主观爱好的形式表现出来，但从根本上说，它却是人们音乐审美活动中的倾向性和鉴赏力的表现，与一定社会的审美理想和艺术论也有密切的联系。可以说，在趣味的问题上是没有什么可以争辩的，如果从兴趣和爱好的意义上来谈音乐审美，那么除了承认和尊重个人的审美趣味之外，别无可言。趣味的形成与个人的经历、气质、性格、受教育程度、文化熏陶等各个方面都有关系。由于共同的生活环境和文化熏陶，使同一民族、地域、阶层、职业以及年龄层次的人有可能形成某种群体性的音乐审美趣味。比如，有些人喜欢布鲁斯音乐，有些人喜欢音乐剧，也有些人喜欢民族器乐、说唱戏曲等，这种群体性的趣味往往与个人的趣味相统一，并且通过个人趣味表现出来。人们通常所说的健康高尚的音乐审美趣味与庸俗低级的音乐审美趣味的区别，就是从这一层意义上说的。音乐审美趣味的高尚健康与庸俗低级的分界线在于，人们是从音乐中去欣赏与体验人的美的创造，并把这种美作为一种精神内涵来加以品味，而不是只把音乐作为一种官能满足和生理刺激的工具。高尚的音乐审美趣味应表现为健康、纯正、明朗、自然，体现出文明社会的人的精神力量和文化修养；而音乐审美中的低级趣味，则把精神性的审美活动降低为官能性欲的满足，把获得生理快感作为唯一的终极目的。一个人所建立的音乐审美趣味与他的思想境界和精神文明程度有着直接的关系，而且往往还能决定音乐美育实施的质量。

审美趣味并非一成不变的直觉能力。人们在社会实践中会不断地修正、调节他们的审美趣味。审美趣味是一种心理结构的印证，而这种心理结构是长期的社会实践造就的。人们多次领悟一首音乐作品委婉的乐句、充满光彩幻影的音画、荡漾着激情的节奏和体现着生命活动规律的和声与旋律，其内在心理结构便能通过同形作用逐渐地被美化，其鉴赏力也随之提高。此外，丰富的情感生活能不断促成人具有创造性的心理结构，从而促进音乐的进步与发展。在艺术中所出现的那种远离变更实践的成分，应被视为未来解放实践中的必要成分——视为美的科学、补偿和满足的科学。艺术不能直接变革世界，但它可以为变更那些可能变革世界的男人和女人的内驱力做出贡献。所谓内驱力就是从内心发出的那种意在改造社会的力量，这是一种振奋的、向上的和积极追求的力量。由于在审美经验中，人总是与想象和想象的"结果"打交道，所以人在这个领域与全新形式和全新性质的接触愈多，对于新的东西的追求力就愈大。经常参与到审美经验中，就能使直觉力得到丰富与提高。久而久之，直觉力的提高必将促进人们对客观对象美的深入把握，并不断调整和完善人们的审美心理结构。

人们的音乐审美趣味存在着层次上的差异。一般的流行音乐作品所反映的生活内涵层次相对比较浅显而通俗，更多的是表现普通人的日常生活感受，这一部分音乐作品常常被绝大多数年轻人所喜爱。理解这类音乐不需要丰富的生活阅历、深刻的哲理思辨，音乐诞生时间相对较短，如轻音乐、流行歌曲等。艺术经典音乐在其形式上更为精雕细琢，其中的内容往往具有丰富而深刻的思想内涵。这类音乐作品常被有一定文化和音乐修养、有丰富的生活阅历的人所喜爱。这类人群对这些音乐往往耳熟能详，并能在其内心深处产生强烈的共鸣。此类音乐往往历史悠久，如大型歌剧、交响乐等。因此，在音乐美育中，我们常常要依据受教育者的文化层次而采取不同的美育方式和内容。

有些人有较广泛的音乐审美趣味，而有些人的音乐审美趣味却较为单一，他们所能鉴赏的音乐范围相当有限。这与个人的生活经历、社会条件、教育程度有一定的关系。随着生活水平的提高、社会物质条件的丰富，人们的文化生活必将有所提高。在丰富多彩的文化生活中，人们的音乐审美趣味将会不断地扩展。音乐审美趣味的扩展又将使人们无论是面对本民族、本地域的音乐，还是面对外族、外地的音乐，都将抱有浓厚的兴趣，因为从人的听觉审美规律来看，寻求新颖与多元化的文化，不断扩大音乐审美范围，是人的自然要求。总是听同一种音乐，虽可能形成一种习惯和爱好，然而有时也会产生逆反心理，转而寻求新的音乐。不同的年龄层次，也具有不一样的审美趣味。儿童一般倾向于结构短小、声部单纯、节奏明快、形象鲜明的音乐，而随着年龄的增长和知识结构、情感体验的日益丰富，人们的音乐审美趣味也将朝着更加丰富、深刻、多样的方向发展。因此，音乐美育要依据不同的对象选用不同类别、不同体裁的音乐作品。尊重和注意人们的不同审美趣味，是我们实施音乐美育不可忽视的。

决定着每个人审美趣味的审美心理结构，是人类精神文明极为重要的组成部分。音乐就是这种心理结构的对应物。音乐培育出个体审美心理结构，这个结构又反过来生产音乐。所以，随着这种不断的交互作用，人类的内在文明和外在文明可以不断地丰富起来。这种文明的心理和社会结构并非短时间内一代人的劳动实践所能建立起来的，它需要长期不懈地培育。教育、训练、审美实践能促使它们之间的转化，由潜的和可能的转化为现实的，把内在的转化为外在的，把简单的转化为复杂的，由单一的发展为多元的。人类的未来，不仅是物质文明极其丰富的社会，而且也是内在精神文明高度发展的社会，音乐美育必定会在其中起着无可替代的作用。

第四节　音乐审美能力的培养

音乐审美能力是一种高度综合的心理能力，是在音乐审美活动过程中认识和体验、感受和创构审美对象或审美意象的一种能力。它是感性与理性、认识与体验、再现与表现、接受与创造、意识与无意识综合统一、融会贯通的复杂的心理过程，是人类特有的能力。它包括音乐的审美感知力、审美想象力、审美理解力、审美创造力和审美体验能力等。音乐审美能力又是一种认识和发现美的能力。现代心理学从审美心理的"动力"观出发，把审美能力看作人的一种寻求情感生存的发展能力的特征。音乐审美能力不仅是对审美对象的被动接受，而且主要是对审美对象的主动创构。人的创构性特点表现为以下两个方面。第一，意向性机制。即一种由审美定势和审美期待构成的主体心理动机，它表现为一种特殊的注意力，具有选择性。它是审美发生的契机。第二，知觉和想象的创构。其中，知觉建构审美形式，想象建构审美意象。因此，对音乐审美能力的培养，应当包括培养敏锐的感知能力、丰富的想象力、透彻的理解力等几方面的内容。

一、培养感知力

敏锐的感知力是积累丰富的内在感情的重要手段，因为感情的体验、认识和积累往往是通过感官对外部自然形式的把握完成的。人的自我意识只能通过对外部世界的认识才能达到。正如人只有通过自我才能发现世界一样，对自我内在世界的发现是在对外在世界的发现中实现的。人每发现一个新的事物，就意味着在自我中诞生了一个新的器官。内在文明包括对音乐敏锐的感知能力和对自我深层世界的意识。对音乐敏锐的感知力，不是闭上眼就能冥思苦想出来的，而是在同外部音乐艺术的相互作用和交往中形成的。正如那阻抗水流的岩石和海滩，它们作用于或改造着水流，而它们自己也不知不觉地在这种相互作用中受到了改造。

感知能力的培养是时代最急迫的需要，这不仅因为它是一种提升人生洞察力的手段，而且因为它本身就会唤起洞察力的提升。培养音乐审美感知力的重要途径，就是要引导受教育者亲身体验和感受音乐，使其感觉逐渐适应音乐中对称、均衡、节奏、有机统一等美的活动模式，最后形成一种对这样一些模式的敏锐选择能力和共情能力。音乐的感觉总体包含音高感、音色感、节奏感、旋律感、和声感、音乐形式感等。这些方面只有通过后天的训练才会不断提高。以音高感而言，能否辨认一定的音高本来是一种纯生理的能力，也有接近于天赋的绝对音高感，然而更为重要的相对音高感，即分辨不同音程距离的能力，却是后天形成的。后者经过长期训练可以达到相当细致灵敏的程度。不同的律制使人们对音程的差距感也将形成一定的习惯，并使不同的音程带上人为的因素，如十二平均律和纯律在音程感上就有所区别。人的节奏感也是如此，在音乐的感受中，人自然而然地会将节奏与现实生活密切联系起来，音乐中节奏的动力感会使人产生极为多样的联想。生活经验是否丰富多样，对于节奏的联想具有重要的影响。人们的旋律感具有鲜明的个性特征，因为旋律不仅仅是音型的流动，而且它带有鲜明的民族特色和乡土风情，并具有近于约定俗成的一定旋法习惯。因此，人们后天接触的音乐越丰富多样，其旋律感越强，并对不同地区、不同国家的音乐感受越深刻。和声感是有一定历史、一定音乐文化和一定审美观念的产物，音乐的形式具有一定的逻辑和连贯性，并具时代、历史、社会的特征，人们只有在长期的接触、聆听记忆、分析中，才能较为深刻地理解直至把握其形式。

敏锐的感受力最容易在对艺术中最活跃、最复杂、最有秩序性和多样统一性的音乐观察中获得。因此，有意识地引导学生去弄清什么样的形式是音乐特有的形式，就成了培养他们审美感受力的重要途径。这种有意识的培养包括两个方面，一是从理论上弄清音乐艺术的各种特征，二是引导学生把旋律的音高、节奏、力度、音色等要素合成主题、旋律、乐段乃至完整的乐曲。因为它既有助于把握音乐的形式美，又有助于对悦耳动听的音乐音响和精致巧妙的音乐形式的感知。在音乐审美教育中，有意识地引导学生领会和体验音乐的特有模式，并逐渐将其特有的运动模式和形式结构内化为自己的感性认识、倾向和习惯，是增强他们敏锐的审美感受力的关键所在，也是美育的本质所在。

在音乐审美感知能力的培养中，既要发挥学生先天的审美潜能，又要加强他们审美实践的训练，培养其敏锐的创造、发现、领略美的能力。事实上，每一个人的审美感知能力都是不一样的，审美感知力的强弱，有先天的因素，但是如果后天的教育得法，就有可能将那些"沉睡"的感知力调动起来；反之，即使有先天的素质，如果长期搁置不用，也会退化，甚至消失。人的感知力既有一定的选择性、整体性、理解性，又有情感色彩、超功利性与个性化的特点。在感知中，人们的审美理想与情趣、丰富的审美经验将会在统觉中起作用。在感知大量的、丰富的信息时，人们要感知、记忆主客体的形态、情态、意态结构，把握对象的整体结构，并完成对感性形态的某种抽象塑造，为创造积累、提供有价值的材料。把握其形态结构，就是从整体上感知对象运动的方向与节奏、强度、变化的动态，能量聚合与释放的过程，以及每一个因素在整体结构中所起的作用。情态结构的感知与记忆，主要是在感知客体运动形态的同时，把握这种形态所呈现的情感基调以及变化。人们在感知音乐时，不应摒除大量的、丰富的、与之相关的感觉表象。培养人的音乐感知力时，应使其深入把握音乐运动与内容联系的本质，储存丰富的感觉表象，使感知的客体有血有肉。

二、培养想象力

人的情感动态与音乐运动的形态，如果想要转化为音响动态结构，并加上创造性的表现与把握，就必须凭借人的强大的想象力。从本质上来说，想象就是把通过感知把握到的形象或大脑中储存的现成图式加以改造、组合、提炼、重铸成全新的意象的过程。而培养审美想象力是需要在审美主体知觉形象的基础上对审美对象进行创造性的加工，最终形成审美意象的能力。音乐审美想象力是在全部感知经验的基础上由音响向音乐形象转化，它具有自由和情感的双重性。所谓自由性，即人们可以凭借思维无拘无束自由驰骋，可以突破时空的界限。所谓情感性，即人们可以以情感为纽带，对音乐形象的变化、组合乃至意象加以融合。音乐审美想象力还可分为音乐审美联想力和构想力。联想力是在知觉表象的基础上按相似性和接近性进行想象，从而创造审美意象的能力。审美构想力是在记忆表象的基础上，按照自由性创造审美意象的能力。因此，培养一个人的审美想象力，实际上就是在培养他的审美联想力和审美构想力。想象是以人们记忆中的表象为素材，通过对这些素材的分析和综合，创造出一个新的形象。艺术想象所采用的表象材料与一般的想象是不同的，它虽然也以人的社会生活作为表象材料，但同时也包含着人的精神生活。人们通过表象所想象的人物，不只是一个完整的身躯，而是一个富有思想、感情和精神力量的特殊人物形象。人们想象的生活情景，也不只是一幅绚烂的画面，而是深含着各种社会意义、时代精神和审美意味的鲜活的世界。因此，培养丰富的"表象储备"是想象的基础。

知觉选择就是对外来信息进行筛选。神经系统在接受外界的信息时，必须对各种信息加以过滤和选择，否则就无法将注意力导向某一对象。"内在表象"如同一张筛网：凡是能与它相符或与它同形的，便被纳入；凡是不合乎其规格的，则被排除。经验告诉我们，人似乎天生排斥那些异己的和远离自己的东西。在审美时，人们能与自身的"内在表象"产生同构东西的，便被选入；否则，则被排除。因此，人们应该广泛接触自然美和社会现象，不断增加"内在表象"的储备量。当人有了丰富的"内在表象"的储备量，其发现和选择美的能力就会有所增强。总之，增加"内在表象"的储藏量是提高人的自身素养和能力的一个重要组成部分。

内在表象除了可以增强选择力之外，还有作为创造性想象原料的作用。创造性想象就是依照情感本身的力量、复杂度和延续程度，对储存的原料重新改造、组合以产生出全新的形象的活动。创造性的想象是人的想象力把其他表象上升到纯粹精神的高度而创造出来的听觉表象。这些表象在人的大脑里，有些像"链式反应"，也就是在极短的时间内，将大量内在表象走马灯似的复现在"审美屏幕"上。内在表象的信息量越大，人们的选择范围就越大。

丰富的情感是人们想象的动力。情感的积累是在无意识中进行的，然而又是一个痛苦的煎熬过程。现代科学和艺术创造的经验表明，情感积累是一个无意识的过程，但必须有清醒的意识参与。人的本能冲动是情感的基础，人的本能冲动向丰富情感的转变是单一和贫乏向多样统一的转变。本能冲动如不遇到代表社会和伦理的意识的阻抗，将不会转变为人的感情。艺术想象所需要的是炽热情感。任何人的炽热丰富的情感，都是在不凡的遭遇中形成的。人们在感受音乐的过程中要有一种真挚而充沛的感情，尤其是在音乐实践中的演奏与创作时，具有激情更为重要。这种情感的升华，将会有力地激发着人们的创造性想象。音乐美育不仅是技巧方法方面的教育，也不仅是艺术教育，而是一种使人脱胎换骨的教育。只有去除俗念，才会有丰富的情感；只有不断地与环境、与恶势力、与丑恶斗争，才会由原始单一的情绪、情感反应，转变为细腻曲折的情思。人们要经过不断的改造、不断的完善，感情才会炽烈起来。这时任何一种美的刺激，都将会燃起感情的烈火，储存于心灵中的无数音乐意象将闪现于脑际，放射出奇异的光彩。

联想是想象的重要形式。联想的重要基础来自各种反射，当新的刺激能引起过去的有关生活经验和思想感情的回忆时，就会产生各种联想。它是音乐审美活动中的重要现象和重要方法之一。失去了联想，就会使一部音乐作品被理解的程度受到很大限制。即便是一部纯音乐作品或无标题音乐，也必定会渗透着作曲者本人的性格形象和当时的场景，因而对纯音乐作品的欣赏和理解也常需要联想。由此可见，丰富的想象力必须具有丰富的联想，而多种多样的联想又要求人们具有丰富多彩的生活。

三、培养音乐审美理解力

音乐审美理解力是人们在音乐感受的基础上，运用理性思维对音乐作品进行审美认识和评价的能力。音乐审美理解力不是与生俱来的，它是有意识的教育和无意识的文化熏陶的结果。音乐审美理解力，一方面表现在对音乐形式的认识中，这主要是指对音乐音响的艺术组合及其形式结构的理解认识，是通过对音乐基本技术理论知识的掌握来进行的。这种对音乐形式的理解认识具有重要的作用，它将使人对音乐的感觉由初级的感性阶段进入感性与理性相结合的高级阶段，由音响快感阶段进入音乐审美阶段。另一方面，它又表现在对音乐作品的内容和社会意义的理解认识上。音乐作品的不同形式与内容具有不同的表现和结果。欣赏者在这种理解认识中，要对乐曲做出某种抽象的理性判断，把理性认识真正融入对乐曲的感性体验中，使音乐欣赏达到更深刻、更高的层次。所以，音乐审美理解力不是一种纯粹对事物进行科学分析和理性把握的能力，而是对音响的整体接受和情感把握的能力。音乐审美理解力实际上也就是一种审美的解悟力，人的审美理解力要从多方面进行培养。

对音乐理解能力的培养，不但要求受教育者对自然和音乐有大量感性接触的知识，而且要求具有广博的知识，对各民族的深层意识和各个时期的时代精神有深刻的认识，对各种音乐风格有所了解。既要求能了解各类音乐艺术中不同的音乐语言，又要求养成一种按照自己体验到的人类情感模式对音乐音响进行分类的习惯。总之，这是一种全面而宽广的、一种深刻到能改造自己内在情感和思考方式的教育。

音乐审美理解力的培养，首先应重视人的广博而丰富的艺术知识与修养，并要求深刻了解各个民族的深层意识、哲学思想和各个时期的时代精神、艺术风格，了解各时期不同的音乐语言。音乐由于其自身的非语义性和非具象性的特点，天然地更加倾向于与其他文学艺术的综合。有很多音乐就是根据其他文学艺术的题材重新加以创造的，这些音乐作品无论从题材或表现内涵来说，都与一定的文学艺术作品密切相关。因此，丰富的文学艺术修养，对于理解音乐有着直接的关系。应该说，对文学艺术作品的理解与感受越深刻、越细腻，对相关的音乐作品的欣赏和领会也就越能收到更好的效果。文学艺术修养对于音乐审美能力的提高有着重要的意义。此外，丰富的人生阅历和情感体验将有助于人们对音乐的体验与领会。

深刻地了解各个民族的深层意识、哲学思想，也是提高审美能力的重要一环。音乐审美中最重要的理解，应该是对音响中暗含的特殊意味的直接性理解。这种理解不同于感知，但要以感知为基础。只有对音响有了整体的把握，才能将其中的意味抓住。我们认为，培养学生对音乐的特殊理解能力，应采取一些特殊的教学方法。当某一音响在学生耳边萦绕时，应让学生自由领会，以树立起自己体验和理解的内在情感模式标准。当然，这种理解还应建立在一定的理论基础之上，并对乐曲本身的情感内涵和社会意义，以及对乐曲产生的时代背景，作曲家的生活、思想、创作意图等有深入的了解。对音乐的理解，并非要求对某个曲目做出抽象的理性判断，而是要求把一种对音乐的理性认识真正融入乐曲的感性体验之中。

音乐理解力的培养，不是靠刻苦的背诵和记忆所能奏效的，它靠的是一种对完形的感性把握力，与此同时，又要联系到人生的各种情趣意味。也就是说，要经由感受导入理解，理解时又不脱离感受。音乐理解应建立在丰富的感性体验的基础上，使音响感知、情感体验和想象联想融为一体。

音乐理解力要比单纯的逻辑推理能力复杂得多，因为它是一种音响语言，一种多层次、多方面同时进行的思维方式。对音乐的理解，通常是将在日常生活中互不相干甚至互相对立的东西，经由情感的中介作用，不可思议地联结在一起。平时人们认为荒诞的，在这里可以变成合理的。从审美主体来说，审美经验丰富、能力较强的听众，对于某一作品，无须重复即可达到熟悉的程度。音乐修养与才能的差异，与审美能力、趣味、审美活动中的注意、美感的强弱直接相关。受过专门训练的音乐家在欣赏音乐作品时，往往采取一种比较技术性的态度，因而客观方面的态度出现得更为频繁一些。这里指的客观态度，亦即欣赏者的理解力及欣赏心态。回味是音乐理解的一个重要过程，因此，音乐回味可以使审美主体对音乐美内涵的意味、意境、意义获得进一步的理解。甚至还可联想到相同或相异的美的形态并进行比较，联系到同一作曲家的不同时期作品或同一流派其他作曲家的作品并进行比较，在系统地、深刻的理解基础上，重新深刻地感受作品的美。可见，音乐的理解力可通过"回味"得到提高。

长期注重音乐理解力的培养，必然会使审美主体的审美器官的敏捷性、情态体验的丰富性、表象扩展与转换的能动性、把握整体结构的格局性、整合各种心理因素的统摄性，得到极大的发挥和强化、提升与发展，也必将使审美主体具有准确而快速分辨美丑的鉴别力、准确领悟美的直觉力，从而产生立美求真的创造力。

四、增强自身的音乐文化修养

一个人的音乐修养对其音乐审美有着极为重要的影响，人的审美感受能力并不是天生的，而是后天培养形成的。对于不辨音律的耳朵来说，最美的音乐也毫无意义，只有感受音乐的耳朵，感受形式美的眼睛才能发现美。因此，提高审美主体自身的音乐修养，是提高其音乐审美感受力的金钥匙。艺术作品都属于它的时代和民族，应有特殊环境，依存于特殊的历史和其他的观念和目的，因此，艺术方面的博学所需要的不仅是渊博的历史知识，而且是很专门的知识，因为艺术作品的个性是与特殊情境联系着的，要有专门知识才能了解它，阐明它。

音乐修养的内容非常广泛。音乐知识的掌握程度是能否提高音乐修养的重要方面。音乐知识还包含乐理方面的知识、音乐背景知识等。也就是说，审美主体的音乐修养应要求较系统地熟悉音乐中的乐音体系、音阶、音程、和弦、调式、主题、旋律、节奏、节拍等。另外，对不同时期、不同风格的音乐作品产生的历史时代，所属风格流派，作曲家的生活经历、艺术道路、创作个性以及具体作品的创作意图，也要有所了解。背景知识的大量掌握，定会提高审美主体的音乐修养。

音乐始终与舞蹈、戏剧、电影、诗歌等密切相关。审美主体应尽可能地对这些不同种类的艺术品种有所了解。

当今，社会需要的是具有深厚的知识基础、极强的环境适应能力、大胆的创新开拓精神和丰富的文化底蕴及素养的复合型人才。随着社会的进步和科学技术的飞速发展，教育思想的更新与全面素质的培养显得越来越重要。21世纪的人才只有具备了深厚的知识基础和良好的素养，才能更好地进行音乐审美活动。

第五节　音乐审美方法

音乐美育中，审美方法多种多样。但是无论什么方法，都离不开多聆听、多欣赏、多接触各种类型和不同风格的音乐。因此，应重视音乐实践活动，积极培养学生的音乐表演能力，引导他们创造性地表现音乐，培养他们对音乐作品的理解能力等。

一、基本方法——多听和反复聆听

在音乐审美中，聆听音乐是获取音乐美的重要手段。音乐听得越多，就越能品味出音乐中的美，辨别出其旋律表达的细腻情感与意境。

多听是指要多听各种各样不同形式的音乐。这样做可以培养人们对音乐的爱好和兴趣，同时也可以使欣赏者从比较和鉴别中提高音乐欣赏能力。多听的方法不受具体时间、空间的限制，也不受内容的制约，只要是音乐，即可拿来欣赏，以培养学生多方面的音乐鉴赏力。一个人对音乐的欣赏能力的发展实际是一种适应与习惯所致。人们之所以对新派音乐的价值常常给予否定的评价，是因为人们不熟悉这些新派作曲家所使用的那种约定性。他们依靠自己所具有的那种表象能力是无法把握住这种音乐的意义的。这种音乐对于他们的主观感受来说已"丧失了意义"。所以，人们需要经常欣赏不同种类的音乐，否则就无法把握当今各类音乐的不同特质。

反复聆听是我们获得音乐美的重要手段。由于音乐具有不确定性和非语义性，是靠音符作为其表达的媒介，人们如果想要对音乐有更好的体会和领悟，就必须反复多次地鉴赏。创作音乐、表现音乐和接受音乐是实现音乐美的三大环节，其中接受音乐是音乐美实现的最终环节。审美主体对一首音乐作品的熟悉程度会直接影响他参与、创造的程度，感知的效果和美感接受的强弱。音乐既是一种时间艺术，也是一种多维的空间艺术，音乐的欣赏过程必须依靠注意力和记忆力来完成。一首音乐作品主题所显示的基本形态，需要靠欣赏者的记忆力才能得以深化，需要反复不断地聆听，反复去记，反复感受体会，否则，在音乐进行中是无法理解音乐的形式及其内容的。一些科学实验证明，需要让接受者识记的材料数量越大，一次性识记的困难就越大，被遗忘的材料数量也就越多。尤其像时间较长的大型交响乐作品或不熟悉的音乐体裁，音乐结构较复杂，如听众不熟悉其结构和形式，就只有依靠反复聆听的方式，在逐渐熟悉的过程中使听众更好地去接受、感知、理解、参与、创造。

反复聆听，还可使音乐美的内涵与其形式的多层次性、复杂性在多次的欣赏中逐步地获得展示。音乐美意境的深远、情态的多义、意象的朦胧，也可在多次的鉴赏中引起不同的想象，触发各种不同的感受。反复鉴赏既可以从审美客体本身去感受，又可从表演者再创造的不同风格中去感受。各种不同版本的音乐可以进行比较聆听，也可获得多种多样的再创造的感受。当然，审美经验、审美能力、审美趣味的差异，也直接与欣赏者的层次有关。审美经验丰富、欣赏能力较强的听众，对新奇的作品、复杂的结构，无须重复多次即可达到熟悉的程度。他们对喜爱的作品，善于在反复欣赏中挖掘他们所发现的美，因此，不会因重复过多而很快厌烦。而缺乏审美经验、能力的听众，对难于把握的作品，从不熟悉到熟悉的过程就会比前者慢很多。因此，反复聆听的次数与审美主体的差异性也是有一定关系的。对自己不熟悉的音乐作品，应反复聆听，逐渐喜欢和热爱它，使自己的音乐审美范围逐步扩大。

二、具体方法

（一）课堂欣赏法

课堂欣赏法是音乐美育中最为重要的欣赏手段之一。课堂能集中学生的精力，有老师的讲解和引导，并且能长期地、有计划地进行，多方位、多角度地安排不同内容、不同风格的音乐作品作为欣赏的对象。

在课堂中，教师可以从审美的角度，选择适宜学生的各类不同内容、不同风格的音乐作品，帮助学生逐步理解、学习经典音乐。现在大学生普遍热衷于流行音乐，我们可将音乐中大众喜闻乐见的作品给他们欣赏，使他们对音乐产生兴趣，排除那种认为经典音乐是深不可测的思想障碍。课堂中多安排管弦乐、室内乐、交响乐、歌剧、民歌、戏曲音乐、曲艺音乐、民族器乐等作品进行欣赏，如学生感到作品太大、太长，可作片段式的分析与欣赏，然后逐步过渡到整体性欣赏。

在课堂欣赏中，教师应挑选艺术价值高、思想健康、具有教育意义的音乐作品。对作品的分析、理解，教师应从艺术性和思想性两方面同时进行，要根据自己的审美经验和情感体验进行有关评价，对作曲家的创作意图和作品标题，如作曲家为作品所写的创作提纲或文字说明，乐谱上的表情术语、力度、速度的标记等，都应做出提示与讲解。还应根据歌曲的歌词内容和意境，根据作者的思想观点、创作个性和作品所处的时代背景，做出具体而贴切的分析等。这些都是课堂欣赏法的优势所在。

（二）音乐会欣赏法

音乐会是音乐审美教育的重要场所。音乐会的场所常具备优质的音响，并且有一种特殊气氛。在音乐会中，欣赏者与表演者面对面地接触，因此，它使听众的审美活动得到更为自然、更为直接的情感交流。在音乐会中，听众必然会全神贯注地聆听，这样便能很容易地进入乐曲的情境。欣赏者的热情，又可激发表演者的创造激情。音乐会演出的氛围可使欣赏者进入作品的意境，使他们在自由的想象中展翅翱翔。在此，演奏演唱者的动作、姿态、表情与音乐的融合又强化了音乐的表现力，从而使欣赏者获得更为完美的感受。台上与台下可高度融合，听众与听众之间同样也获得一致的交流，这样便会形成一种听众聚合力，从而增强现场的感染力，而这种现场的感染力必将使每位审美主体的心理体验得以升华。

音乐会欣赏会使审美主体有一种不由自主的期待，它能够从不同角度、不同方面使审美主体获得自己所喜爱或平时热衷的音乐作品，这也是一种潜在的音乐视野的扩展。此时此刻，有些平时没有欣赏到的音乐，在这里可以尽情地欣赏。这是表演者与观众之间一次心灵与心灵近距离、淋漓尽致的沟通。

（三）在现实生活中获取美感的欣赏法

音乐是在一定的生活中产生的。不同的民族具有不同的音乐。因此，在孕育民间音乐的自然环境、生活环境中，欣赏民间创造的音乐，别有一番风味。在自然环境中接受音乐，具有一种身临其境之感，这时听众处在情景交融、时空合一的空间。自然环境欣赏法可以不受时空的局限，只要带着审美的"眼光"去认识、洞察世界，并不断地分析不同文化对音乐体裁、种类、功能结构等因素所存在的不同的价值取向及其音乐的差异，便能感受到各地区不同的人文风光。民俗生活中的音乐所具有的特殊的美感品位，只有在自然的、现实的环境中才能领略。

（四）利用电子设备欣赏法

以现代电子手段为媒介传播音乐，已经遍及社会的各个领域，为人们提供了极佳的欣赏音乐的途径。欣赏者可以通过网络音乐平台下载、聆听音乐来进行音乐审美活动。这种活动具有音乐审美目的性强、审美注意更集中、情感交流更具体、欣赏更为自由的特点。通常欣赏者在线上下载、聆听音乐时，更多地是以符合自己的审美趣味或需求为目的的。由于目的性强，因此这种方法的审美指向性是较为集中而确定的。还因为这种欣赏方式可以随时控制音乐欣赏时间的长短、音乐作品顺序的安排、乐章的取舍，因而欣赏者在整个审美活动中都将是自由而主动的。然而利用电子设备也会有其不足之处，欣赏者欣赏音乐常常受到传播媒介的限制，比如手机播放音响的效果会失去低频的声线，很难让听者直接感知表演家演奏、演唱的真实音色和音乐进行动态，也很难对演出氛围获得全面而真实的感受，在情感的交流上缺乏与表演者面对面的沟通。

（五）音乐实践法

音乐审美以情感体验和形象思维为主要途径。要进入这一途径，音乐实践是先决条件。因为人的情感和思维是人对外界事物的心理反应，是不能用他人的意志和感受取代的。

音乐实践创造了音乐美。作曲家的伟大作品都来自生活，来自瞬息万变的大自然。人们通过音乐实践（音乐表演）把来自生活的音乐作品还原成活生生的音乐形象。在这当中，活生生的画面对实践者的美感意义是一般欣赏所不及的。因此，鼓励学生积极参与音乐实践活动，例如，让学生参与演唱、演奏，或给他们提供单独表演的机会，都可以提高其音乐理解能力和表现能力。音乐表演活动不仅仅局限于课堂，也可以通过课外活动以及社会音乐活动开展。在音乐实践活动中，学生往往是以积极主动的状态进入情感体验的。审美主体在表演再创造的过程中可以把握人类最先进的审美意识，并能不断地提高自己的审美意识和能力。音乐实践法可以提高人们参与活动的积极性，并发展听觉能力。利用合唱队、器乐队、舞蹈团、音乐剧等形式进行音乐美育，都是极佳的音乐审美方式。在这样一些音乐实践活动中，不仅可以提高学生的音乐感受力、记忆力、理解力、想象力及多种器官的协调运动能力，还可以提高他们的艺术修养、文化素质和团队协作水平，激发学生积极的心理品质，在音乐实践中领悟音乐的美。

音乐创作是音乐实践的重要内容。在音乐美育中，音乐创作活动能极大地激发人们的创造性思维与创造的实践能力。音乐创作不是作曲家的专利，每个人都可以进行音乐创作活动，用音响动态来抒发自己的内在情感和外在感受。应从小时候，就开始培养他们的音乐创作能力。人们通过音乐创作活动，可以把自身对时代的感受表达出来，把内在听觉的审美判断表达出来。它是一种极为主动的审美活动。因此，这种主动的审美活动是音乐美育中最为重要的审美手段之一。

　　人类的一切实践活动在主体经验上获得的最终结果有两个主要方面：一是感受，二是认识。通常在某一项具体的实践活动中，这两个方面是密切相关、不可分割的，体现为认识中伴随着感受，感受中包含着认识。人们经过不断的音乐实践，其音乐美感相应地不断得到丰富，其音乐理解力也将不断地增强。这时，人们不仅具有全面地认识音乐形象的能力，而且更有感受音响的需要。在这不同音响的感受中，体味音乐的美感和真谛，从而真正认识音乐美的不可替代性。音乐实践本身具有很强的愉悦性、趣味性和审美价值，它能使学生主动地投入情感中去感受、体会，在愉悦和审美的同时自觉地进行自我教育。

第四章　舞蹈美育

第一节　舞蹈美育本质

一、现代美育思想

现代美育思想或以自由为目标，或以生活为前提，将艺术的审美、社会的发展、人类的进步紧密结合在一起，为随着现代社会自然科学、工业革命发展而日益"异化"的人，寻找心灵的慰藉、精神的家园。中西方现代美育思想从不同方面为当代舞蹈美育观念提供了理论依据、文化内涵和价值追求，是我们实现美育观念转变与创新发展的重要基础。

二、舞蹈美育体现身心和谐的自由

舞蹈美育不是单纯的舞蹈技艺的传授，而在于引导人在自由的身体舞动中感悟自我、人生乃至生命之"美"。舞蹈的身心合一，让这一艺术样式，起初只是改变人的外表，后来也改变人的内在。快乐的无规则的跳跃变成了舞蹈，体操训练虽然培育了运动员的身体，但是只有通过四肢自由而一致的游戏才能够培育美。

可见，舞蹈作为艺术样式或美育途径，在促进人的身心和谐与自由方面具有先天的优势。中国人习惯于从自身经验去体验、推断、思考问题，所以对于心与艺的关系，主要是从人自身的语言声音和动作形体的艺术表现来谈及，所谓的"诗""歌""舞"，都是不需要借助外在工具，而以人自身为审美物化的物质媒体，是心灵与肉体、精神与感觉直接传达表现的艺术形式。舞蹈是万物有灵的原始交感思维的产物，舞蹈的本质是身心合一的艺术。在人类文明进程中，舞蹈作为身体语言、身体文化，既有对内心情感的张扬，也有对文化道德的显现。现代审美在强调自律的同时被赋予了强大的精神功能，从而展示了审美现代性内在矛盾结构：以审美知识的分化与独立为起点，向审美价值以至审美本体论渐进演化。

三、舞蹈美育体现了时代文化的内涵

从文化人类学的视角来看，舞蹈是在随文化而不同的运动结构和意义体系里面对人体在时空中的创造性运用。舞蹈首先就是利用人欲，包括色欲、性欲等实际最基本的沟通要素体现文化价值。这是在生命时空与社会的范畴内对舞蹈的界定。

文化最重要的任务就在于，使人在纯粹的自然生命中受到形式的支配，使人在美的王国中能够达到的范围内成为审美的人，因为道德状态只能从审美状态中发展而来，却不能从自然状态中发展而来。

第二节　舞蹈美育科学化

一、时代呼唤舞蹈美育有所作为

探究、倡导舞蹈美育的原理与实践，是以背负着新世纪使命感的专业舞人之自觉，思考人类在面临新的环境、新的思维、新的生存方式、新的价值观等严峻挑战下，面临选择新世界也为新世界所选择的情势下，将如何以舞蹈行为实现自我优化，使其为健康人的身心、提升人的意志品格、激发人的创造力以及素质的全面提高发挥能动作用。

二、美育及舞蹈美育的功能

所谓"美育"，具有多层次概念以及可伸缩的范畴。从宏观的视角对其基本社会功能予以观照，美育应当以非"灌输"、非"管束"性的方式，呼唤、激发人对美的自觉追求和感受，以实现其启真、导善、益智作用。在施教的过程中鼓励自主选择的能动性，通过知识传播、审美引领、开掘想象、意志品质的铸炼等多样化手段以及整合性方法，不断激发人的自身创造力，实现其能力、魄力以及魅力的全面提升。它既不等同于抽象美学理论的研修，也并非单一的专业技能的训练，而是在科学原理指导下具有可操作性工作概念的系统教育。已知的经验告

诉我们，艺术教育是美育的基础与途径，各种艺术门类在美育"大家族"中，既各具独特作用，又相互启迪、渗透、交融。下面以"舞蹈"为核心阐发其美育功能、施教原理与方法，树立面向广大国民的社会化舞蹈教育，即终身教育思想，并选择大学生为重点对象，为构建基础性、系统化的舞蹈美育提供支持。

众所周知，舞蹈是以人的形体动作为媒介的有目的人类行为。远古社会呈现了舞蹈的"物质材料"，是因劳动而实现了初级进化——人体的手脚分工。在现代文明高度发展的当今，舞蹈的呈现依然离不开人的自身形体。不过，高度进化的人体更具智能性、可塑性和自由度。舞蹈固有的存在、呈现方式决定其与人类的关系格外亲昵，它伴随着人类的生存意识、生命活动而产生，在人类文明演进的漫长历程中长久相伴，承担着"特殊角色"。所以，无论从哪种视角探讨舞蹈的美育功能，必须从揭示其本体特质开始。把这个"角色"的内涵与外形、古貌与新颜同当今人类生活的诸多需求相联系，把欣赏舞蹈、解读舞蹈、实践舞蹈与人类的自我认识、自我开掘、自我完善紧密联系起来。

三、舞蹈美育需要"船"与"桥"

怎样令舞蹈美育达到启真、导善、益智的目的，需要"船"与"桥"，即确立施教原则，建立系统方法。

当今社会对素质全面的合格人才的高标准要求，与现实生活中屡见的畸形教育样本形成严酷的对比，强烈地触动着人们的忧患意识，使人们在积极的反省中得以明晰：舞蹈美育的基质即其核心，是对人的心灵的唤醒、塑造。

知识传授和审美引领是唤醒心灵的必由之径，却不应该停留在已知知识和既定经验的重复，而应当采取以催醒、激发人的生命意识、想象力、创造力、积极的价值取向为目的的施教原则。人们接触舞蹈的方式无非通过观赏和参与实践。就观赏而言，大多数人对舞蹈的感受方式往往较少"理性色彩"。因为它不易像文学作品那样，可直接提供足以效仿的道德楷模或伦理行为准则，而擅长以优美、连贯的肢体动作，呈示美的形象、意境和情愫。舞蹈所具有的直观性、抒情性、形象性、动态性等使人不约而同地通过视觉观其形"入门"，进而浸润身心、沁渗魂魄，从而获得情绪的感染、情操的陶冶、思想境界的升腾，引发对崇高理想的向往和人生价值的体悟。

较少"理性色彩"，并不意味着舞蹈的优劣、美丑无科学标准可予判定；舞蹈对美的激发、呼唤，首先取决于其自身的品格、品位。因此，在施教过程中应当重视审美引领。应以深入浅出的方式，选取具有典型意义的优秀作品（样本），调动学生的兴趣，通过对作品具象化的欣赏过程，逐步领悟具有普遍意义的艺术原理，在提高自身素养、品位的基础上，追求更高层次的审美效应。

参与舞蹈则需要通过"动感"去付诸实践。应当采用多样化的手段去激发学生的参与意识和兴趣，由浅入深、循序渐进地实行认识身体、感知身体、解放身体的训练，以期控制、支配、和谐地运用"工具"，即自身形体的水准，领悟如何运用肢体语言表达情感、创造美好形象。强调舞蹈在美育中的特殊作用，绝不意味着局限于单科教育。开宗明义"以身体教育实现全面（整体）教育"的主旨，必须以充实、丰富的教学内容和具体而有效的方法贯穿其全过程。

四、施教原则

首先应当确立完整性及综合性原则。所谓"完整性"，即将美育视为德、智、体三育的有机组成部分，正确认识、把握其与德、智、体三育相互影响、相互作用的关系；进而正确认识、把握舞蹈与其他艺术门类（文学、音乐、美术、戏剧、影视等）在美育中"互为生态"的多维关系，冲破单项教育的固有模式，变单向教育为全方位教育。所谓"综合性"，即自觉调动不同学科的优势，结合其各自的艺术特性，作用于身体教育，使之发挥综合效应。与此同时，还应承认、尊重重视施教对象之地域、民族、性格差异的"均衡性原则"；积极开掘施教对象潜能的"唤醒原则"；鼓励个性化呈现的"创造性原则"；贯彻始终具有根基意义的树立艺术理念的"辩证性原则"。要应对诸如"经典"与"前卫"、"形式感"与"逻辑性"、"传统"与"现代"、"继承"与"创新"等的辩证关系，予以通晓性的阐释，追求艺术教育"科学"与"诗情"辩证统一的境界。

毋庸置疑，实施完整性、综合性艺术教育，需力避应试教育的惯性影响，废弃"填鸭式"教材堆砌和对知识的刻板记忆，代之以开发智慧、启迪心灵，注重实践的素质教育。其实施的方法似无固有模式可循，却应以探究其内在规律为据。在先行者积极探索却相对"各自为政"的美育实践基础上，归纳思路、提炼方法、总结经验、去粗取精地予以整合，开拓、铺展出更为顺通的路径和广阔的创造空间，是建立系统的普适性施教方法的任务与途径。

五、内容与方法

对人类优秀精神遗产的继承和世界先进文化的汲取，是舞蹈美育不可或缺的重要内容。而对文学、美术、音乐、戏剧等名著、名作兴趣索然，知之甚少，无疑是现实残存着"四肢发达、头脑简单"型舞者不幸的缘由，要警惕其浸染舞蹈美育的园地。因此，阅读经典在实施舞蹈美育的身体教育中，不仅必要而且非常迫切。这并非"门面"性的附庸风雅，而是开启智慧、充实心灵所需。其施教过程需要知识性辅导和记忆累积，却并非终极目标。应该以"阅读"（亲密接触）作为触动心灵的起点，通过环环相通（有机联系的课程设置），开启联想，由此及彼，以不同艺术媒介之间的比较和呈现方式的转换，启迪学生的想象力、创造力。

与阅读经典同样重要的是"情感激活"，即透过具体形象，把社会实践、日常生活经历中储留的情感开启出来予以激活，引入审美体验和审美创造的境界。经验告诉我们，人的情感往往会因为不同时空的情境而变迁，同样的情境对于不同素质、不同性格的人，也会产生不同的效应。就普遍意义而言，艺术是体现情感的一种形式。情感激活必须通过多种渠道、多样化的手段，唤醒心灵深处"沉睡"状态的情感记忆（喜、怒、哀、乐、亢奋、羞愧、成功、失落等），将其附着于特定的情境（借题作舞）。它不止于经验性情感的原始描摹，也不同于理性知识或纯技艺性的演示。情感激活的关键是以"情"驱动舞的"切入点""喷发口""释放结"，诱导学生想象力、创造力的驰骋。

广大舞蹈美育的受众大都是非职业性的，多数人是在成人期才开始接受舞蹈训练，其身体的先天条件和解放程度，尤其是对各类舞蹈语言的熟悉程度，与专科型学生必然存在着一定的差距，不宜施以相同的教学内容，盲目追求高难度舞蹈技艺。但学习舞蹈表演、舞蹈创作是舞蹈美育不可或缺的环节。前者引导学生身心并举的美感体验；后者注重想象力、创造力的开掘和培养。其中必经的过程是从各类约定俗成的舞种，诸如芭蕾舞、中国古典舞、民族民间舞等选取教学素材，作为接触、领会、运用"舞蹈语言"的入门舞种。学习不同舞种应当以其不同功效，对照学生的接受能力，施以不同的方法。对具有严谨程式化语言体系的芭蕾舞、古典舞和以鲜明的风格性语言为特征的民族民间舞蹈，应当结合其历史文化背景及生成、发展的环境，精选最具人文价值，反映其表意、审美特性的素材纳入教学内容。注重开阔视野、丰富知识、加强身体的适应能力，力避以形式模仿束缚创造力。对于现代舞，要充分发挥其通过人体自然节律的引领自由地产生动作，形成通用型即非限定性肢体语言的功能与优势，倡导其崇尚求异、创新、自我超越的理念，运用一定的技术手段，开发学生的自由联想。从某种意义上，这对于渴望不拘一格地表达内心体验的美育对象更加适宜。与此同时，也要抵御现代派艺术固有的"颠覆性"的泛滥，不提倡"自我意识"的过分膨胀。舞蹈美育虽然不能趋同于应试教育的"记分制"，但应该帮助学生树立起明确的目标：因有所追求而提高学习兴趣和效果。应当实施目标教学法，建立可操作性较强的科学程序和评估标准，将"想象力""表现力""创造性""合作能力"等纳入评估内容。在此过程中，要十分尊重学生的反馈性意见，以教、学双方的互动促进目标教学的实施。

　　培养学生发现问题、解决问题的能力一向是教育的重要环节，对于舞蹈美育也同样重要。已有的"问题式"或"发现法"等教育理论，其共通之处就是鼓励学生的创造性思维，对于舞蹈美育也具有极为重要的参考价值，应当予以借鉴和引入，结合艺术教育的特点，创造性地运用。

　　无须赘言，艺术创造一贯鼓励个性化，对于艺术教育中的个体特性也应当给予足够的重视。因此选择具有典型意义的作品以及具有代表性的个体进行"个案剖析"，是必要而有效的方法。"标杆"的树立，对上述诸多方法具有综合性启示、验证作用，也是对学生的判断、赏析能力的深入引导和综合性培养。

第三节　舞蹈美育价值

一、舞蹈的美育价值

（一）舞蹈教育提高了学生表现美的能力

　　对美的表现可以分为外在的言行举止和内在的内涵修养两方面。进行舞蹈学习，首先要从形体训练入手，解决外在形体的自然美。自然的形体应以坐、立、走等动作为基础，舞蹈的训练也是从基本的站立姿势、手的放置位置以及脚位的练习等开始进行的。在训练的过程中以地面和把杆为练习参照，通过练习使肢体更加匀称，增加动作的协调性。舞蹈动作可以对人的身姿进行塑造，养成优雅的举止习惯，形成优美的身体线条。

（二）舞蹈教育提高了学生欣赏美的能力

舞蹈是通过直观的视觉传达而进行表现的艺术形式，它主要是通过舞蹈者的身体动作、造型、线条以及面部表情、眼神向观众展现具体形象，从而带给人们美的享受。舞蹈者的动作随着音乐节奏时而伸延、舒缓，时而跳跃、激荡，通过身体的摇摆、旋转做出高低不同的姿势，使观众受到美的熏陶。学生通过学习舞蹈，能够更好地理解舞蹈者传递的感情，获取欣赏美的技巧，使自己在思想感情上受到潜移默化的影响。

（三）舞蹈教育提高了学生感受美的能力

幼儿时期的舞蹈教育，很大程度上是一种身体的教育，通过舞蹈动作增强幼儿的体质。成年人的广场舞在很大程度上定位为健身功能，人们在运动的过程中，进行了形体上的训练，可以实现自己体态和线条的优美。专业舞蹈人员需要进行科学、系统的学习，在力量、柔韧性、稳定性以及协调性等方面要达到更高的要求。学生要认真地去感受每一个舞蹈动作，通过对动作的理解获取深层次的审美感受。

舞蹈是由一系列动作构成的，不同动作根据一定的韵律组合起来，构成具有不同轻重缓急的动作组合，再加上舞蹈者的情感表现，使之成为具有动感的美妙舞姿。学生在舞蹈学习的过程中，感受舞蹈带给自己的气质的提升。幼儿期是孩子习惯养成的关键时期，舞蹈训练的时候会要求他们双眼平视，挺胸收腹，在不断练习中形成自然、端庄的坐、立、走姿势，从而可以有效预防孩子驼背、缩头等不良习惯的养成。学生在舞蹈训练的过程当中，形成对美的感受能力，并自觉地将舞蹈要求迁移到生活中去，可以提高对生活的自信心。舞蹈所特有的律动可以提高身心的协调性，使学生在对肢体的自觉控制过程中获得精神上的愉悦。

（四）舞蹈教育提高了学生创造美的能力

舞蹈者需要对表现对象进行合理想象，并调动自己的情绪。伴随着音乐节奏和旋律，舞蹈者的身体潜能获得激发、情感得以升华、想象力得到提高，这个过程是提高其创造美的能力的过程。对学生进行舞蹈教育，要在一个和谐、轻松的环境中进行，让学生在快乐的运动过程中释放自己的情感、陶冶自己的情操，自觉地进行优美动作的创造。

舞蹈艺术是一种直观、动态的艺术形式，它适合于舞蹈者情感的抒发。舞蹈可以通过肢体运动和面部表情向观众创造性地展现自己的内心世界。通过舞蹈教育，可以激发学生的创造力，锻炼学生的思维能力，将体形塑造、体力锻炼、智力发展、情感体验等结合起来，从而实现人性的升华。舞蹈和体育、杂技既有相似之处，也具有一定的区别。一个没有进行过舞蹈学习的人在观赏舞蹈的时候，虽然也可以感受到舞蹈之美，但是他不能体会到舞蹈的内涵与本质，不能感受到舞蹈自身所具有的内在生命力。舞蹈者通过舞蹈既锻炼了身体，又愉悦了情感。学生通过接受舞蹈教育，拥有了一条新的表现美、创造美的渠道。

二、舞蹈美育在素质教育中的价值

（一）推动素质教育的发展

素质教育是以文化素质教育为导向，以心理素质为中介，以健康为本体，以全面提高身心素质和发展人的个性为目的的教育。而舞蹈教育实际上是党的教育方针的具体化，也是党的文艺方针的具体化，它充分体现了我国教育方针指出的"使受教育者在德育、智育、体育几方面都得到发展，成为有社会主义觉悟的、有文化的、全面发展的劳动者"的要求。教育心理学家们经过长期的多方调查发现，舞蹈作为一种美育形式，对青少年提高综合素质有着非常重要的意义。

（1）舞蹈可以激发学生积极、健康、乐观的思想感情，有助于共产主义思想的培养。

（2）我国悠久的舞蹈传统和丰富多彩的民间舞蹈，可以培养学生的爱国主义情感。

（3）集体舞蹈可以培养学生的集体主义和团结友爱精神，还可以加强纪律观念；力量型舞蹈可以培养勇敢豪迈的进取精神；抒情型舞蹈可以陶冶性情，在获得美的享受中增强对美的感受力。

（4）舞蹈能够使身体器官灵活敏锐，增进学生的思维能力并发展智力；能够养成正确的体态习惯，增强辨别美的能力；舞蹈可以健身，有助于学生身体的匀称发展。美育对于培养创造型人才具有独特的功能，在保证通识教育的同时，提升美育的地位，加强舞蹈教育的分量，有助于提高受教育者的形象思维、想象力和直觉判断能力。

（二）审美愉悦价值

舞蹈能唤起人心中的美感。对舞蹈者来说，伴随着音乐节奏，抬手、提足、跳跃，肌肉、肌腱紧张、松弛，各关节屈、直，这一切刺激着人体的各种感觉器官，由此产生的神经冲动反射到大脑，然后大脑依靠各种分析器官共同参与的作用，直接由动作知觉产生美感意识。尤其当人体律动与音乐动作的形式真正吻合时，这时不仅给人带来精神上的美感，还伴有生理上的快感。舞蹈者的身心共同处于极度兴奋、高涨的审美快感中，得到一种无可比拟的幸福感。人的心理活动会离开其他事物而集中在这种感觉上，于是，音乐与律动仿佛成为一个无限美妙的世界，自我似乎不复存在，舞蹈者完全沉浸在如痴如醉的情景之中。这种沉迷的状态使人的情感得到充分的宣泄，使人的精神获得极大的满足，沉浸在美的享受之中。

（三）促进心理健康的价值

舞蹈艺术作为一种美育形式，不仅有助于培养和开发受教育者的审美能力、想象力和创造力，调动其精神力量和体力，还能够减轻和消除受教育者的情感压抑、思想僵化，并对导致心理不健康的焦虑症、抑郁症、神经衰弱等起到一定的调节作用。舞蹈是追求完美的艺术，不允许有丝毫瑕疵，要求舞者有高超的技艺、丰富的表现力，所以，舞者必须要有坚强的意志和克服困难、承受挫折的能力。舞者情绪低落时，他们可以通过舞蹈的方式将自己的忧伤、痛苦释放出来，感受舞蹈带来的快乐情感体验，以减轻心理上的压力；舞者常常成功地展现自我，将自己置身于众多观众目光的关注下和镁光灯的聚焦下，长期的演出实践，能够锻炼他们的胆量和勇气；舞蹈是一种集体行为，需要舞者具备与人合作的素质，舞蹈有人体的接触、分离、变化的特点，舞者必须要了解人与人之间的关系，有能力维护人与人之间的和谐。

第四节　舞蹈教育的美育功能

一、舞蹈教育与美育的相交功能

（一）舞蹈教育中的美育表现

所谓美育主要是一种以培养审美的能力、美的情操以及艺术兴趣为任务的教育。而美的情操指的是感情和思想综合起来产生的一种持久心理状态，也就是人在面对一些艺术作品时，心理状态趋向于对美的整体感受。因此可以说美育表现就是一个人具有较高层次的审美能力，具有对艺术作品的兴趣以及美的情操，同时美育功能还表现在舞蹈教育对人的外貌体形与曲线的一种塑造，是一种外在美与内在美的有效结合表现。

舞蹈教育中的美育表现与培养，首先表现在对自然体态的一种改变，比如弓背、扣胸等，通过舞蹈技术的基本训练，比如基本的手位、脚位的练习等，来矫正这些不良的身姿，使身体动作有效协调，塑造完美的身姿和良好的气质。另外，我国传统文化就有说内在对外在的影响，人的优雅气质、优美动作的表现主要是受内在心灵的影响，而舞蹈教育就是有效培养人内在心灵的途径，舞蹈美育能够将人的内在美与外在美统一起来，处于一种协调的状态。近些年来，舞蹈对美感的培养主要是通过交际舞与芭蕾舞实现的，交际舞为年轻人踏入社会提供了途径，芭蕾舞则对人的挺拔的身材、高雅的气质做出了重要的贡献。随着舞蹈教育重要性的逐步显现，目前很多高校都开设了舞蹈教育课程，舞蹈教育正在以其独特的方式发挥着它的功能。

（二）提高美感欣赏能力

舞蹈是一种直观显现的视觉艺术表现形式，给人带来一种美的享受，通过表演者的造型、体态、延伸、动作以及感情等，来对舞蹈作品的深层含义进行诠释，这种诠释主要是依靠表演者的肢体动作以及其协调性来表现，其中肢体协调性的动作主要包括摇摆、旋转、伏地、跳跃、纵空甚至是静止，从而使肢体呈现出一种艺术的感染力，让欣赏者感受到美的熏陶和艺术的美感，从而在思想上达到一种满足感。

舞蹈既能自娱，又能娱人，人人都可以亲身参加这种活动，以显示自身的能力、智慧和个性，并在美的愉悦中充分发挥自身的想象力和创造力，提高艺术审美和艺术创造的能力。同时，舞蹈作为人与人之间、人与社会之间的一种交流手段，经常以无言的艺术动作去填补那些语言空间的偌大空白；种种只可意会而不可言传的情思，通过形体表现就能够使艺术外射出来，含蓄地蔓延开去，在默默的交流中给人以启迪、暗示以及联想，以优美的诗情陶冶心灵。由于舞蹈艺术具有精神和形体的双重表现性质，它能够像营养可以改善全身的血液循环一样，增添人的风度、气质的魅力，协调人生、社会，使我们的生活更加和谐与丰富多彩。此外，舞蹈艺术还有对社会生活的认识功能和舞蹈技艺教育的功能等。

（三）美育教育途径

美育对提高一个国家整体的国民素质、鼓舞和振奋民族精神、培养爱国主义情感都具有非常重大的意义。学校美育是在各级各类的学校中，与德育、体育、智育、劳育等相辅并行的一种系统而又规范的教育。美育的规范性、功能性或是高效性等都是学校美育优于其他美育的显著特点。因此，学校在实施素质教育的同时必须重视美育教育。相关的研究资料指出，一个人的审美意识和审美能力的深层次开发，有助于科学创造的发明。目前我国高校教育中存在的一个普遍的问题就是一个人的专业水平与其艺术素质不平衡，这使得学生极容易受到一些社会阴暗面的影响，而要塑造大学生健康的心理，美育教育是一个重要的途径。

美育教育的形成与发展主要依靠的是舞蹈的教化功能，舞蹈中通常蕴含着丰富的人文元素，舞蹈的教化功能主要是通过一种潜移默化的教育理念感化的途径，比如对美的欣赏或者某种娱乐过程中，使人的思想观念、情操等发生改变。相对于其他的艺术表现形式，舞蹈教育更加具有教化性，舞蹈教育通过其表现形式、个性展示以及人与人之间的配合等，有效地促进了人的情感和思想等的成熟发展，一方面能够使表演者充分地展示自我；另一方面又能够更好地认识自我，培养开朗的性格和默契配合的能力，同时还达到了一种塑造体形的效果。因此，可以说舞蹈教育是美育教育的重要途径，这种美育效果不仅仅体现在外在的形体上，更重要的是对人心灵的一种塑造作用。

二、舞蹈教育展现的美育功能

（一）培养学生认知世界的能力

所谓真正的舞蹈艺术，其最终需要的就是舞者为其全身心地投入自己的整个肢体，由不同的肢体动作来表达舞者最为真挚的情感。这和传统中经常讲到的舞蹈形象是完全不一样的，不再代表着所谓的"头脑简单、四肢发达"，而是一种艺术形式或者说是一种艺术手段，可以使舞者内心深处的真挚情感得以充分地表达。对于学生来说，在学习舞蹈的过程中，动作能够带着他们很好地去感知这个世界，同时也能够提高自身的智力水平。大多数的舞蹈都是用抒情的方式进行演绎，这样可以将我们现实生活中的生活内容和情感用最真实的方式表现出来，其舞蹈形象的塑造过程主要是依靠一些概括程度较高的手法，由此也就赋予了舞蹈特殊的审美属性。因此，将舞蹈艺术看作是一种别样的生命情调也不为过。除此之外，学生在学习舞蹈的过程中，可以用不同的舞蹈动作来感知整个世界，从而将自己内心的情感毫无保留地宣泄出来。

（二）提高学生审美艺术的能力

舞蹈要求舞者将整个肢体投入其中，那么舞蹈教育顾名思义就是对学生进行舞蹈动作方面的教育，在教授的过程中，主要是对肢体语言进行相关的训练，并培养学生形成良好的律动感，增加对乐曲中节拍的敏感性，通过舞蹈学习，不仅能够使自己的身体更加强健，还能够使自己具备更好的形态美。为了迎合舞蹈教育的教学宗旨，只要是舞蹈学习者，不论专业与否，都必须在学习之前进行一些有关形体方面的训练，其训练的目的就是希望舞者可以很好地协调肌肉和力量之间的杠杆关系，从而使自身的协调力与耐力达到统一。舞者通过这一系列的训练，可以深深地体会到舞蹈最内在的美感。所以，舞蹈教育不仅可以使人的美感得到良好的培养，还能使学生对艺术的审美能力得到提升。

（三）激发学生创造艺术的能力

在舞蹈教育的过程中，要求舞者充分地放松自己的思维以及情绪，让人脑与舞蹈动作实现近乎完美的配合和统一，舞者可以将自己的心灵通过舞蹈动作释放出来。学生通过接受这种舞蹈教育，能够使自身的艺术创造力得到激发，从而形成良好的艺术创新思维。因为在舞蹈的教育过程中，舞者必须要根据音乐的节奏，来发挥自己对于音乐的理解，从而发挥想象力，用相应的舞蹈动作表现出来。在这个创作的过程中，舞者必须放松心态，用"寓教于乐"的教育形式来陶冶自己的情操，从而使艺术思维的能力和审美的能力得到相应的提高，最终目的就是为了促进自身的全面发展。

（四）培养学生健全的人格

舞蹈艺术是一门培养人们综合素质的艺术，它紧紧围绕着情感活动，在教育过程和形式等方面还具有一种可以培养人们健全的人格的美育功能。所谓健全人格，其主要包括三个点：第一，要客观地认识自我，并拥有积极的自我态度；第二，具有良好的人际关系；第三，协调好自己与世界或者是与他人之间的关系。在舞蹈的基础训练过程中，不仅要求学生的身体具备一定的柔韧性和爆发力，还要求学生能够有合适的速度和控制能力，但是，这种能力的训练是日积月累的，比如学生在进行柔韧性训练时，需要采取压腿和耗腰等一些较为枯燥的训练方法。而对于舞蹈初学者来说，这个训练过程常常会伴随疼痛，这需要学生具备超乎寻常的耐力。舞蹈教育培养学生健全人格主要体现在学生能否在同班级学生中客观地认识自我，以及在训练过程中出现伤痛的时候如何树立积极的自我态度。

第五节　美育中舞蹈教育的意义

一、舞蹈与美育的关系

舞蹈教育是美育的重要内容，是素质教育的重要方面，舞蹈作为一种社会文化现象，其本身无疑具有某种潜在的教育价值。这种教育因素的社会影响，是无法估计的。要通过舞蹈全面提高学生的美育能力，就必须使学生通过舞蹈形象，把握其表现的美的思想感情以及美的现实生活。要达到这一目标，就要通过舞蹈直接向学生进行美的教育。具有美感的舞蹈艺术形象能够为学生提供情感体验的意境，学生在情感体验中能够正确地认识客观世界，感受舞蹈艺术形象中的崇高思想，形成高尚的、美好的道德观念和行为规范。很多舞蹈正是借助有组织的身体动作，通过塑造艺术形象，在潜移默化中来表达作者的思想情感，打动人们的心灵，传达作品的内容美、形式美以及旋律美。

舞蹈的审美教育不仅能够激发学生对舞蹈的兴趣与热爱，更能让他们的情感随着舞蹈的情感而起伏变化。因此，审美能力的培养能让学生从气质、形象、情感等各方面去感受舞蹈艺术的魅力，提高舞蹈鉴赏力，从而净化心灵、启迪智慧、树立正确的世界观、人生观与价值观，为学生成为高素质人才打下坚实的基础。

二、舞蹈教育之于美育的意义

（一）作为美育手段的舞蹈教育

所谓美育，通俗来讲就是通过对艺术美的学习和鉴赏，运用美学的知识和理论，教育人用美的眼光看待周围的人和事物，教会人如何发现美、创造美、体验美、理解美和感受美。美育的独特之处在于人们可以通过对美好的人、物和事的感受和理解，去影响自己的情感，从而使自己产生对自然、对人生、对社会新的感受、感触和感悟，提高自身对美的理解能力，也就是我们经常提到的增加自己的审美情趣，陶冶情操。它不仅要求人们学会评价事物的美丑，还追求通过美育的特殊功能感化人们的心灵，让人们学会通过事物外表去了解背后能触及人们心灵深处的感动。

舞蹈教育是艺术教育的重要组成部分，其主要功能是保存、传授舞蹈技艺和舞蹈理论，促进舞蹈艺术的繁荣发展，普及舞蹈文化。它用舞蹈身体语言所体现的美，结合一定的艺术氛围来感染观众。作为美育的一种手段，舞蹈教育具有完善人的性格、陶冶人的情操、丰富人的情感、促进人的素质全面协调发展的功能。舞蹈以其自身的特性和独特的艺术魅力在当今社会发挥着越来越重要的影响和作用。

众所周知，舞蹈作为艺术之母，其教育的作用不仅体现在学习、练习舞蹈过程中所收获的对呼吸、肌肉控制等身体技能上的提高以及强身健体、美化身段的目的，同时还能够在舞蹈表演之后感受到舞蹈艺术本身的线条美、韵律美、肌肉美，从而提高人对艺术的感知力和鉴赏力，满足人对美的高层次追求，增进人与人的情感交流，提高人对自己的欣赏和自信心。

舞蹈教育主要就是通过课堂里的舞蹈教育、教学活动，经过老师一番"言传身授"后使学生认识身体，掌握舞蹈的线条美、韵律美，并进一步表达或者再现人类对于真、善、美的理解、追求和向往。与此同时，舞蹈教育对于开发学生智力、培养审美情趣、树立道德水准，促进德、智、体、美、劳全面发展，起着其他学科无可替代的作用。

（二）舞蹈教育之于美育的具体功能

舞蹈教育具有多种功能，不仅仅是简单的德、智、体、美的教育功能，同时还具有一种更加高级的创造教育功能，它不是仅仅停留在表面的外在之美，而是包含了人体智力在内的内在之美，主要体现在以下几个方面：

1.通过感觉认知世界、提升智力

舞蹈是什么？从根本上说舞蹈就是人的四肢、躯干、面部表情等全身心的参与，其主要表现手段是人体动作。但舞蹈并不是像许多人所讲的那样，只需"头脑简单，四肢发达"，舞蹈的表演、表现有别于体育、杂技等带有竞技、杂耍性质的纯粹人体动作，而是一门能够表达情感和思想的艺术形式。舞蹈长于抒情而拙于叙事，因此在反映和表达现实生活内容方面往往使用高度概括、凝练、集中的方式以及虚拟、象征等手法来塑造舞蹈形象，表达人们的审美情感、审美理想，反映社会生活的审美属性。

舞蹈是人类生存发展的目标刺激下生命情调最直接、最强烈、最纯粹、最充分的表现，具有高度的生命情调。可以说舞蹈是人类内心的情绪最直接的情感宣泄渠道。舞蹈直接用身体来感觉和认知世界。舞蹈的载体就是人的身体，人来到这个世界就要动，从爬到走，再到奔跑；从躺下、坐下，再到跳跃，而具有韵律美感的舞蹈动作可以说是和人的最基本的生存、生活密不可分的，或者可以说是人类生存发展的漫长历史过程中最直接、最真实的反映和再现。

人的劳动实践使人与动物有了本质的区别，劳动实践是人通过运动感觉来慢慢认识世界的，所以人类的发展过程是通过感觉经验来认识人的内在世界和外部世界的过程。因此，普及性舞蹈教育重视人的感官和感觉的训练，以人体动作为手段不断完善人的感官和积累人的感觉经验，注重动作之感和生命之感之间关系性的探究，从而不断提升人的知识和智能。

舞蹈以感觉的方式认识世界，从而提高人的智力和创造力。一个好的舞者在完成舞蹈节目或者组合中的某个动作时，需要经过一系列复杂的过程，要经过从观察到模仿，从感知到理解，从吸收再到创造和表演、发挥的过程。在这一系列复杂的过程中，需要从眼睛到大脑、从大脑到肢体的全面协调与配合，需要更加高级、灵敏的大脑智力参与运作，舞蹈正是在这样一个过程中不断提升人的素质和能力，全面提升人的智力水平。

2.通过训练和律动培养审美素养

舞蹈教育从实质上来说就是身体的教育，以动律性的形态训练来强身健体。普通大众学习和接受舞蹈，一般都是进行形体训练，追求自己的体态、线条优美。而专业的舞者则是以此为职业，需要进行更为深入、科学的训练和学习，如对肌肉与力量的控制，柔韧性与软开度、控制力与稳定性、协调力与体力耐力上的学习和掌握，从而熟练掌握和使用自己的身体去诠释和表现舞蹈作品，实现自己的职业价值。无论舞蹈爱好者还是专业舞蹈工作者，都能通过这个过程的学习更加深刻地理解和感受到舞蹈所带来的深层次美感，从而提高自己的外在和内在审美素养。

舞蹈的构成不仅仅是简单的动作，更是动作和动作之间的连接以及不同姿态的配合所形成的独特韵律，也就是我们常常讲到的动律、韵律。节奏是基础，舞蹈就是借助节奏自身的长短、缓急特点，带动人的肢体形成有韵律的动作或组合，在外在的形与内在的情的高度配合统一、协调下完成，实现舞蹈的优美律动和美妙舞姿，从而让人在舞蹈的学习和表演中塑造更加完美的形体，给予人以优美、典雅或者高贵的气质。

同时，舞蹈还是一种综合的动态艺术，它不仅仅是以"动觉"为本体，更是融合了"视觉"和"听觉"等多种艺术，以肢体为本，视觉上的线条美、姿态美，结合内在的韵律美、情感美等全面让人感受和理解美，这也是它不同于美术、音乐、体育等的优势。通过学习舞蹈的动律来提高身心协调与自我控制能力，并体会到精神的愉悦。

3.以肢体解放心灵、激发创造力

在跳舞的过程中，人们竭尽全力去协调动作，进行人物形象设想，尝试用正在情绪思维的脑同时去支配身体行为，其间大脑不断进行调整，不仅能开发智力，而且还可以保持身体健康。舞者伴随着美妙的音乐，在音乐节奏和旋律的带动下，舞动自己的身体，激发自己想象力的同时也能够增强自己的创造能力。可以说，舞蹈是在一个和谐、轻松的状态下实现了"寓教于乐"，使人释放自己的心灵，打开自己的心扉，陶冶了自己的情操，提高了自身的审美，实现了人的全面发展，也实现了一个和谐完善的全面教育。

从外在形态上看，舞蹈的艺术呈现就是舞蹈形象，是一种直观且动态的形象，并具有直觉性、动作性、节奏性、造型性；从内在属性来看，舞蹈长于抒情而拙于叙事；从艺术展现的方式特点来看，舞蹈具有综合性，通过肢体运动的方式解放人的心灵，并激发人内在的创造力和思维能力。

教育的目的就是赋予身体与思想最完美、最理想的能力。教育如此，那舞蹈教育作为艺术教育的重要组成部分，更是一种能够真正由内到外提升人性，使人的素质得到全面发展的重要手段。正是通过舞蹈教育，我们才能将一个人的体力、智力、道德、情感等各个方面的因素综合起来，协调发展，使其成为一个更加完善的人。

舞蹈作为有别于体育、杂技的人体动作艺术，人们在观赏舞蹈作品时固然可以感受到舞蹈之美，但只是以一个旁观者的角度来感受舞蹈的魅力，并没有触及舞蹈的真正本质内涵。因为只有人们亲身去舞蹈时，通过自身动觉的感受才能彻底体会、理解和把握舞蹈的本质内涵，体味自己身体舞动过程中所迸发出的内在生命力，从而使得舞者的身心得到愉悦。这也是为什么现在许多人选择舞蹈来健身的原因，舞蹈的这一特性是其他艺术门类所不能替代的。

第六节　舞蹈美育教育的审美理念

一、舞蹈美育中的舞蹈审美心理

（一）重视学生的审美需求

从审美规律来看，要使学生真正走进舞蹈，就必须考虑到欣赏者的审美需求，使其在舞蹈审美条件下真正进入审美状态。任何具有严肃创作目的的艺术，只有当它首先适应了群众的审美需要和审美能力、审美趣味，适应群众的这种主观爱好，才能赢得群众、教育群众。为此，首先需要考虑两个问题：其一，是否每个学生都具有审美需要，如何解决"出于审美目的"的倾听问题；其二，是否每个学生都喜欢既定的舞蹈内容，如何解决"选择适合自己审美能力和审美趣味的作品"倾向问题。对舞蹈审美教育而言，如果完全不考虑欣赏者的审美需要、能力以及趣味，就不可能真正让欣赏者进入审美状态。"顺应"如果完全是听任欣赏者自己选择，就不可能圆满实现教育目标。从原则上说，舞蹈教育既要体现历史传承又要体现时代特征。如街舞之所以深受青少年喜爱并成为年轻人的一种流行文化，因为它是年轻人心理宣泄的重要途径，它追求形式美，讲究精神放松，融娱乐于运动中，不仅传递着青少年的活力和激情，还展现了丰富的个性和独立前卫的时代精神，这正迎合年轻人的心理特点，激发了他们的审美共鸣。因此舞蹈审美教育也要与时代同步，尽可能激发出每一位欣赏者的舞蹈审美热情，在条件许可的情况下，让每一位学习者在教育资源库里提取自己喜爱的舞蹈。创造条件让每一位学习者都有自主选择学习的机会，在一定范围内选择适合自己审美能力和趣味的舞种加以学习。

（二）倡导舞蹈美育过程的普及参与化和内容的多样化

从当今青少年学生对舞蹈审美的角度和审美需求来看，拉丁舞、街舞等流行舞蹈之所以受到学生的普遍欢迎，是因为人人都能够自主参与体验、自娱自乐。因此，在舞蹈审美教育中，意味着舞蹈教育要与日常生活紧密结合，将舞蹈及其动作教育贯穿于学生的真实生活情境中，而非片面、纯粹的技能运动。而对于离青少年生活距离较远的民族民间舞蹈、中国古典舞等，首先要解决的就是拉近它们和学生的心理距离。如此一来，显然不能仅仅让他们了解所谓"历史""风格""文化意义"等，而应该创造条件让他们深入体验舞蹈文化活动。参与体验舞蹈创作与表演的过程也是提高学生舞蹈审美能力的重要途径。

随着当今青少年学生的自我实现、自我认同意识的普遍增强，他们对自身能否成为具有丰富知识、高尚情操、健康心理的人，有了更多的自觉和更高的要求，尤其想通过艺术教育为自己"充电"。而舞蹈作为教育手段的优势很大程度上来自于它是一门综合性的艺术，在教育过程中可以借助一切感官媒介对人的影响，因此，舞蹈训练可以运用舞蹈动作相关的音乐、美术、服饰以及灯光等因素，调动学生的神经系统全面参与，激发他们不同的兴趣点。作为人类有意识或无意识地写在身体上的历史与文化，它必会在人的文化认知领域起到重要的作用。舞蹈教育还应以古今中外的各种舞蹈作为教育的内容，使受教育者了解不同民族的民俗文化、风土人情，了解不同民族的历史，了解不同的生命形态，了解不同的生态条件下的生存方式等。这对受教育者丰富舞蹈知识，全面提高舞蹈审美能力具有重要作用。

（三）科学引导学生的审美价值评价

舞蹈艺术教育是一种艺术的审美活动，也是一种具有审美价值的体育活动与娱乐活动。一部舞蹈作品，它的价值取决于作为舞蹈艺术所具有的各种特征和听众对舞蹈艺术的审美需求之间的关系。只有将这种关系付诸实践，舞蹈作品的价值才能得以实现。而人们接触舞蹈的方式无非就是通过观赏和参与实践。就观赏而言，大多数人对舞蹈的感受方式往往不约而同地通过视觉观其形"入门"，较少"理性色彩"，但这并不意味着舞蹈的优劣、美丑无科学评判的标准。舞蹈对美的激发、呼唤，首先取决于其自身的品格、品位。参与舞蹈则需通过"动感"去付诸实践，采用多样化的手段激发学生的兴趣和参与意识，由浅入深、循序渐进地进行认识身体、感知身体、解放身体的训练，正确引导他们在生活中发现舞蹈元素、寻找舞蹈素材，通过舞蹈运动、即兴编创等方式潜移默化地引导他们的审美判断。

二、高校舞蹈美育教育的审美理念

（一）美育教育与舞蹈的审美理念

就美育教育的概念来说，前面已经多处涉及。随着市场经济发展水平和人们综合素质的提高，相应的审美标准也发生了一定的变化。就大学舞蹈教学的审美理念来说，在过去很长一段时间直到现在，人们在心里对舞蹈都有一种天生的崇尚，因为在长期历史发展沉淀的过程中，舞蹈慢慢演变成为美的代名词和化身，人们已经逐渐习惯于将"美"和"丑"对立起来对事物进行分析，认为美的必然是好的，丑的必然是坏的。但是我们从舞蹈的本质应该不难看出，舞蹈并不一定是"美"的，它们有的柔和，有的炽热，有的疯狂，有的冷静，但表现出来的形式不一定都是人们所认为的"美"。

（二）增强学生审美理念的策略

舞蹈不仅仅是一种连贯的形体表达方式，更是一种深刻的写照与反映。舞者通过舞蹈可以将一些场景传递给观众，并且在传递的过程中附带着的还有舞者自己的思想感情，从这一层面对舞蹈的内涵进行探究，我们不难发现，在当代大学舞蹈美育教育的过程中，许多教学内容只是停留在舞蹈的表层，即花费大量的工夫在训练学生的形体上，对于情感融入以及内容表达方面，却没有对学生灌输一些重要的知识，没有进行一些有效的训练，这也是导致现下人们盲目认为舞蹈就是美这一理念的根源之一。在这样一种环境下，学生又会受到反作用力，在大家都认为舞蹈形式美比较重要的前提下，他们也就不自觉地开始向那个标准靠拢，长此以往，舞蹈美育教育的发展堪忧，所有的舞蹈都进化为一个标准，我们可能再也感受不到舞蹈原汁原味的冲击力。针对这一现状，今后大学舞蹈美育教育的发展道路究竟在哪里，大学舞蹈教育工作者们究竟该采取哪些措施促成大学生的舞蹈美育教学，帮助学生形成正确的审美理念，这些都是亟待解决的。

现下人们对舞蹈的审美标准存在一定的偏差，最主要的原因实际上是人们在经济快速发展的条件下，商品包装过度的时代背景下，逐渐地忽略了舞蹈的本质。因此在对大学生开展舞蹈美育教育，培养学生审美理念的过程中，首先应该让学生明白舞蹈的本质和内涵，并且多在这方面下功夫，让学生在骨子里接受舞蹈的根本，这样一来，学生自然而然就可以形成正确的审美标准。一旦学生明白了这样一个道理，在其今后进行舞蹈学习的过程中，他们自然会从不同的角度对舞蹈进行不同的评判，形成正确的审美标准。

除了让学生理解舞蹈的内涵和本质之外，在开展舞蹈教学的过程中，如果想要达到舞蹈美育教育的根本目的，教师还应注意对学生的情感培养，在学生基本功已经比较扎实的前提下，引导学生进行情感的合理表达以及阐述，即通过舞蹈动作来表达自身的内心情感，并且用连贯鲜明的舞蹈动作将这种情感传递给观众。要达到这种水平，教师在进行舞蹈美育教育的过程中，首先应对音乐故事的内涵进行仔细的讲解，让学生站在主人公的角度去体会作者的情感。对作者在作品中融入的情感加以体验，实际上是学生形成正确舞蹈审美理念的基础。只有在领会到作者情感的前提下，学生才有可能将舞蹈动作连接起来去呈现一幅完整的画卷，而不是在舞蹈动作编排好的情况下再去补充情感部分的内容。

就普通高校的舞蹈美育教育而言，如果不是舞蹈专业的教学，普通专业的舞蹈教学实际上发挥的就是陶冶情操的作用，在这些专业中，舞蹈审美理念的培养发挥的作用实际上是最大的。这类舞蹈美育教育的主要教学目的并不是要将学生培养成为专业的舞蹈演员，而是在教学过程中为学生灌输相应的审美标准，让学生从专业的角度去了解舞蹈，感受舞蹈。上述内容已经在多处提及过，普通观众对舞蹈的唯一审美标准就是"美不美"，如果在舞蹈美育教育的过程中让学生了解到舞蹈的本质，那么以后他们就不会再从肤浅的角度去看待舞蹈表现，他们开始能真正地读懂舞蹈。对于舞蹈专业的学生来说，舞蹈就是他们的专业技能，他们今后所要做的是将舞蹈呈现给观众，如果他们自身都无法领略舞蹈的本质，做到完善的表达，他们又如何能使观众看得懂呢？归根结底，实际上发挥作用最为巨大的还是舞蹈教育工作者们，学生舞蹈审美理念的形成，实际上多半会受到导师的影响。

因此，我们可以看到，舞蹈美育教育不仅是当代大学生综合素质的重要组成部分之一，同时也是丰富人们业余生活的高雅生活方式之一。但是就现阶段人们对舞蹈的审美理念来看，其与舞蹈的本质实际上是相违背的。大学生对舞蹈如果没有形成正确的理念，只是简单认为"美即舞蹈"而忽视了舞蹈的本质的话，不仅会阻碍舞蹈的发展，同时还会从很大程度上阻碍当代大学生创造能力、创新能力的发展。基于这一现状，相关教育工作者在开展舞蹈美育教育的过程中，应提高对舞蹈本质的教育与救赎，从而促进舞蹈这一艺术的长远发展。

第五章　美育教育实施路径分析

第一节　高校美育课程建设的目标及内容

美育作为一门具有相对独立性的交叉学科，有不同于智育、德育、体育的特殊性，因此，也就同时拥有独立、系统的目标体系、内容体系、方法体系和载体体系。一套明确而系统的美育目标和内容体系，既是美育理论建构的需要，更是美育实践指导的需要，对于以美成人的美育全面、系统地实施具有重要作用。本节从美育的目标定位和内容选择两个方面进行系统梳理，力图构建符合大学生人格养成内在要求的美育目标及内容体系。

一、高校美育目标

实施以美成人的高校美育，实际上指出了当前高校美育目标的基本定位，即始终针对纯粹的唯理性主义和物质主义的突破，始终坚持促进人的全面发展和美好生存。与此同时，完善人格的培养从另一方面提出了高校美育的总体目标，即始终围绕大学生人格养成、大学生人格完善而进行美育目标的选择设计，这是新时期确定美育目标的主要依据。针对新时期大学生时代人格所体现的具有人文关怀、积极乐观、独立和谐、开朗热情、创新洒脱等特质，高校美育目标应由以下三个维度的子目标建构而成：

目标一，提升学生的审美需要层次。旨在强调审美教育要关注学生的生活和审美认知的内在动机。学生的审美心理是自主性建构的，而不是通过"灌输"形成的，如果在审美教育中忽视学生的自主性，没有充分重视学生的审美意识的自由发展，提升学生的内在审美需要，学生的内在审美人格不可能建立起来。

目标二，培养学生全面的审美情感和审美判断，协调学生人格中感性、理性等要素共同发展，并形成有机的联系，旨在强调审美教育在协调学生人格发展中的现实作用。既然审美教育不是通过"灌输"来影响人格的完善，那么发展学生的审美情感和审美选择就应该是一项基本的目标设定。

目标三，引导学生形成稳定化、普遍化的理想人格结构，逐步促使学生适应当前社会发展的时代人格品质的形成与确立。这既是审美需要层次提升的结果，也是审美判断和审美情感处于高级阶段的确证。

二、高校美育目标的具体实施

教育学认为，任何一种教育目标的设计和实施都有一定的原则和要求。美育目标在具体实施过程中，仍需要遵循学生审美的一般认识规律和接受规律，从学生的审美心理出发，循序渐进地进行审美教育。具体来说，在审美教育过程中要从以下几个方面着手：

（一）培养大学生的审美感受力、判断力和创造力

逻辑思维、形象思维和直觉思维是人类最基本的三种思维方式，形象思维与逻辑思维直接关系着人们在实践中的创造性发挥。由于美育带有鲜明的形象性、愉悦性、情感性等特点，它能够充分促进大学生个体的直觉以及形象思维能力的发展，进而提升个人的综合素质。尽管美育目标最低的层次是满足人的功利需求，但在实践中也需要通过对审美对象的外在感性形式进行直觉感悟和审美评价，逐渐激发个体的直觉和感性思维，不断培育个体的想象力和创造力。在长期实践中，要不断引导大学生感知美、欣赏美，在体验美的过程中形成发散思维和对美的判断力，促使自身的创造力得到潜移默化的提升。一本好书塑造的感人形象，可以唤起大学生们内心的激情；一部好电影的境界，可以引起大学生们对美好生活的无限向往与渴望；一个精彩的画展可以激发大学生们无限的想象力和创造力。美育在各种美育形式的实施中"春风化雨"般地影响着大学生的审美能力。

（二）培养大学生的审美意识和审美价值追求，使其超越"功利"

在培养审美能力以及关注审美素养提升的同时，审美教育活动的目标还应实现对功利生活的精神超越，促使审美教育脱离一般的功利价值目标体系，能够暂时放弃实用性的考虑，形成一种超越功利的审美意识和价值追求。在审美活动中人要超越日常看待事物的方式，摆脱现实中的利益关系，与现实中的生活保持一

种"距离"，把物我关系由实用主义变为审美主义，达到"潇洒脱俗""超然物外"的超功利审美境界。这种观念有利于打破肤浅的人生价值和幸福观念，避免由于"急功近利"而"目光短浅"，把人生的目标仅锁定于对物质的极度追求而完全抛弃了精神家园。自有人类历史以来，亘古称颂的从来不是富甲一方的官员和商人，而是给人类留下宝贵精神财富的思想家、哲学家、科学家们。实施审美教育，就是要使大学生们在"撕碎的美"或"含泪的笑"中得到情感的升华和心灵的净化，进而引发他们对于生命意义和价值的深层次思考，让他们在不同于物质功利标准的新的价值标准中去生存，去体验更加永恒的生命价值。

（三）培养大学生追求理想人格的自觉，使其实现审美人格的精神建构

人的心灵世界本身就是一个感性的、意义丰富的世界，审美人格的精神建构需要在个体主动参与和创造过程中得以实现，是人的内在精神的一种积极的探寻和建构的过程。自我"全面而自由"地发展，是人类遥远的梦想和渴望，是一种理想人格境界。审美教育目标在这一方面要不断提供契机、情境和氛围，以美的旋律，拨动学生的"心弦"，激发他们内心深处对美的渴求，对美的想象力和创造力。促使学生在个体的成长和建构中，把对理想人格的追求，当作自觉的愿望和行动，积累和养成个体的人文关怀精神，以及独立和谐、开朗乐观、创新洒脱的内在品质，并不断使其得以发展和提高，推动自我的人格建构不断走向丰满和成熟。

三、高校美育内容

本书所构建的审美教育内容以大学生人格养成为根本出发点和落脚点，从人的审美心理结构的基本规律出发，着重加强审美认知教育、审美感情教育和审美实践教育等方面的内容设计和实施。

（一）审美认知教育

审美认知教育是对审美活动中的认知过程和接受过程的教育实施，是对美的信息进行输入、编码、转化、储存、提取运用等的审美信息加工活动。从审美心理学的角度来看，审美认知教育是促使受教育者形成一个审美心理认知结构的过程。这一结构是审美个体在审美活动中形成的，并对未来的审美活动起着支配作用。审美教育活动主要包括对审美理论知识的把握了解，对审美信息的加工和处理，以及审美活动心理机制的控制与把握。审美认知教育是个体进行审美活动的

重要环节，是获得和运用加工审美信息的内部心理活动，对于形成正确的审美感受和审美意识具有重要作用。因此在具体的教育过程中，在原有的审美教育活动的前提下，应注重以下几个方面内容的设计实施：

第一，要注重系列性、层次性的审美基础知识教育。当前，在高校开展审美教育的过程中，学校开设的审美教育课程及活动主要集中于艺术教育环节，并且大多数的教育内容集中于专业类的审美技能的提升和发展，在很大程度上，并没有摆脱以智育为衡量标准的基本思路。一般情况下，高校以审美为主要内容的课程主要分为以艺术专业为基准的必修课程以及以非艺术专业为基准的选修课程。而实际上，审美教育内容应与艺术教育、美学教育有所区别。审美教育不仅仅侧重美学基本理论的灌输与讲解，而且要将美学的原理与日常的审美鉴赏有机结合起来，构成多种类型、多种层次的系列内容，进而普及审美教育的基本理论、促进审美素养的提升。首先，通过知识的讲授，使学生理解何为美，何为审美以及为什么要审美，怎样审美等一系列基本问题，为日常的审美鉴赏提供指导；其次，进行审美的生活性感知，通过进行具体的艺术欣赏、各种艺术门类的接触了解，以及在日常生活中的审美批判，综合性了解绘画、雕塑、影视、戏剧、建筑、音乐、舞蹈、戏剧等不同艺术的审美特质；最后，将审美教育渗透到各门类科学的教育活动之中，并充分提升自然美、社会美、科学美等审美对象的教育内容，最后将教育内容统一到人格的审美之中。

第二，注重对悲剧与喜剧、丑与荒诞等审美形式的辨明。在进入后现代主义时期，传统的悲剧、喜剧中"崇高"和"优美"的审美倾向，在大众文化的冲击下已经不再是大学生仅有的美学视野。受西方现代学派等思潮的影响，"丑"与"荒诞"等新的审美形式也越来越受到当代大学生的关注。因此，在日常的审美认知教育中，对悲剧与喜剧、荒诞与丑等审美形式的辨明，也应当是教育内容的一个重要环节。这些样式的审美形态以各自不同的样式，从多维的角度刺激审美对象——大学生的感觉和情感，从而对他们产生作用，影响他们的人格发展。

第三，加强对民族传统文化的审美引导。按照荣格的集体无意识理论，不同民族、不同国家有着不同的文化心理，亦即不同的人格特质。中华民族有着五千年的历史，其优秀的传统文化，博大精深、源远流长，极具社会美和人情美的代表性元素。人类历史上曾有过四大古文明：两河流域文明、埃及文明、印度文明、中华文明。其他文明都曾经中断过，有的文明几近消失，唯有中华文明从没有中断。这说明中华民族的传统文化极富合理性，有着深厚的底蕴和强大的生命力。中华文明塑造了中华民族的国民性，历练了中华儿女的民族魂。中国优秀的传统文化是中华民族屹立于世界民族之林的基石，是中华民族道德智慧的结晶，是中华民族的巨大财富和不竭精神动力，是无数中华儿女坚强的信念支柱。鲁迅曾指出，越是民族的就越是世界的。可见，没有深厚民族文化底蕴的东西是不会具有独特的个性并得到世界文化的认可的。

人格养成的先在性与历史继承性要求审美教育应该具有优秀民族文化元素。可以说，只有具备了鲜明的民族意识的审美教育才是真正意义的审美教育，继承了优秀传统文化因素的审美教育才更具有审美价值。中华民族优秀传统文化是值得珍视的思想精神财富，肯定中国传统文化的教育价值，弘扬优秀文化传统，是大学生理想人格教育的重要内容。

（二）审美情感教育

审美情感从概念上讲是指审美主体对美的各种意识形态的情感表现和内在心理表现，审美情感教育包括审美关爱教育、审美理想教育和审美修养教育等。在审美活动中，审美情感产生于主体的审美实践中，而又引导、规范着主体的审美实践活动。在以美成人的审美教育活动中，应注重以下几方面的教育内容：

第一，审美关爱教育。一般来说，人的基本需要大致分为：物质需要和精神需要。在审美活动中，审美情感是在审美活动中自觉获得的内在心理感受，审美关爱教育与一般的审美认知教育不同，它并不与实用功利的目的直接联系在一起，它注重的是人格本身与审美情感的内在契合。在审美关爱教育当中，最为重要的是教会当代大学生学会关爱、学会真诚，建构人格中有中国传统文化所特有的"仁"的特质。

第二，审美理想教育。审美理想居于审美意识最高层次的审美范畴中。在艺术活动中，审美理想得到了最充分、最集中的体现。它是在审美经验的基础上产生的，并且是这种经验的高度概括。审美理想产生于社会实践中，人的全部社会活动，从一定意义上说，就是不断地认识现实、产生理想，并实现理想的过程。人的审美理想就产生于这个过程中。作为审美经验的凝结与升华，审美理想与一般的社会理想、观念又有所不同，而且具有经验性的形象特征，非逻辑概念所能涵盖或替代。但是，要充分表现审美理想，使审美理想"物质化"，变成任何其他人都可以接受的东西,那就只有借助于透视审美理想的"棱镜"来反映现实的艺术才能做到。

第三,审美修养教育。"修养"一般指个体的自我锻炼、自我培养,以及在此基础上形成的各种能力和品质。审美修养教育则是在审美教育中有意识地促进受教育者审美心理结构的自我完善和发展,也就是实现审美他育到审美自育的转变。从这个意义上讲,审美修养教育是审美教育的一个极为重要的目标。在我国,审美修养教育有着深厚的文化基础和现实意义。我国古代很多美学思想家从不同方面阐述了以审美教育的理念作导引,来提升个人多方面修养的重要作用。

在审美情感教育过程中,要引导学生注重自己的自我形象修养、内在气质修养,帮助学生慢慢认同正确的审美修养标准,并自觉地以这一标准来要求自己,逐渐具有人格的审美影响力。作为审美修养来说,这一教育与德育的区别在于,它不是依靠强制的手段和反复的灌输来为学生树立某种标准,而是尊重每个学生的个性特征,强调氛围的熏陶和影响,引导学生对自我修养的主动性,以美的标准来促使学生从内心深处主动提升个人的修养,并使自身的改变不断地通过气质魅力散发出来,从而得到大家的充分尊重。

终极意义的审美情感教育,应该是帮助人们达到一种和谐的状态,是促使人不断积极追求,最后找回人的本性的过程。

(三)审美实践教育

审美实践教育可以有效地促进感性发展,实现审美情感教育,从而促进完整人格的形成。感性既指向艺术,又指向现实,美育以感性为起点,实现价值生成。感性发展包含两个层次,既包括感性要求的满足与解放,又包括感性的提升与塑造。审美实践教育一般也包括审美体验和审美创造等环节。审美实践教育一般由主体的审美体验和审美创造等环节组成。审美实践是通过人的自主性实践,逐渐实现人的自由自觉对美的创造,并将美的内涵最集中、最直接地体现出来。审美实践教育是功利与超功利的统一与结合,它既内合于美的无功利性,又指向人格养成这一功利性目标。

社会美是审美实践的重要环节。一般来说,人的生命首先是一种自然生命力,生命的存在与运动使人具有自然的需要和欲望。

然而,在人类漫长的进化过程中,人的感性生命在社会实践中不断受到理性的规范,并逐步积淀社会文化的内容,这使人的感性生命有了新的内涵。可以说真正的人的感性能力应该是作为社会人的感性能力，即渗透着认知力、理解力、判断力等理性要素的感性能力。

美育是以审美形式解放人的感性因素，并使之得到适当释放和文化提升的过程，从而达到激发深层心理活动中的非理性因素的目的，使之保持旺盛的活力。在美育实践中要注意到感性发展的这两个层次，既要满足学生基本的感性需要，在此基础上又要使学生的感性能力得到提升。感性需要的满足是提升学生感性能力的基础，感性能力的提升又会进一步使学生获得更高层次的感性满足，这两方面是互相渗透、互相促进的。目前的美育实践偏重于知识技能教学，忽视学生的审美需要、兴趣和个性，学生的感性需要无法得到满足，因而也就很难提高学生的感性能力。既然学生的需要无法在学校美育中得到满足，学生自然会把注意力投向校外，更多地受到大众美育的影响。因为学生缺乏感性能力，难以抵抗大众美育的一些消极因素的影响，从而逐渐沉溺于感性世界，过度强调个人主观情感的宣泄，追求单纯的感官刺激，从而失去了原本对自然、艺术和人生的理性思考与把握。

美育实践以发展学生的感性能力为首任。因此，在教育过程中既要尊重和发展学生的个性，又要以直观的审美形式为依托。这是因为，感性寓于个性之中，没有个性也就没有了感性，而富于意蕴的直观形式能够给人的感性因素提供自由表现的机会，事实上也就赋予感性以充分发展的权利和条件。

第二节　高校美育课程建设的原则与方法

一、高校美育课程建设的原则

原则是人们观察问题、处理问题的准绳。对问题的看法和处理，往往会受到立场、观点、方法的影响。原则是从自然界和人类历史中抽象出来的，只有正确反映事物的客观规律的原则才是正确的。

教育原则发源于教学实践。教学实践是教育原则赖以产生的根基和土壤，也是教育原则不断更新、发展、丰富的唯一源泉。自有教学活动以来，人们在教学实践中，经过不断摸索探讨，逐步发现了一些使教学取得成功，带有规律性的因素，认识到一些导致教学失败的教训。于是一些先进的思想家、教育家将他们加以总结、提炼、概括成为理论原则，作为指导教学实践的基本法则。

随着教育改革的不断深入，人们对学校美育的认识也在不断提高，但从我国目前高校教育的现状来看，还是不容乐观。高校美育远不及德育、智育、体育等完善，在教育开展的实际中存在比较严重的教育方向不明确、教育原则缺失的问题。具体体现在以下几个方面：其一，一定程度上存在着"唯分数"——为考试而学的现象，因此而导致的厌学现象十分严重，扼杀了培养科学素质所需要的宽松的环境、和谐的气氛。其二，现实中的高等教育大多是一种片面强调理性而忽略感性和非理性的理性主义教育，这种理性教育以传授大学生理性知识、发展学生理性能力为主要目的，借助科学的手段来实施教育。只重视理性而忽略学生感性发展的教育，使学生的感受力受到严重的损害，对各种事物失去兴趣和好奇心，精神生活极其贫乏，甚至会导致学生情感的冷漠。其三，目前在学校教育中，较多地存在着美育与学生思想行为"两张皮"的现象，教师和学生都把美育当作一门课程来学，而并未从自己的生活实践和社会生活中去体验学校传授的美育观念，更没有使之成为自己的价值观念。究其原因就是美育的过程缺少了审美过程，变成了单调、抽象的定理。其四，美育过程中的模式化教育也限制了学生个性的充分发展，强迫所有学生接受同样的知识和同样的教学模式，不充分考虑学生个性的多样性。片面地追求对学生群体进行共同目标的教育，忽略了学生个体差异，用同一本教材教不同资质、不同文化教养、不同家庭背景的学生；用同一套试题测试不同基础、不同程度、不同能力、不同兴趣的学生；用同一把尺子衡量所有学生在学习过程中产生的差异；用同一个标准判断不同发展轨迹的学生。不重视学生的不同需求，不允许学生有不同于教学大纲和教材的见解，以"教"的形式上的"公平性"掩盖了"学"的实际上的不公平性，结果"因材施教"成了陈旧教育观念的同义语。更严重的后果是剥夺了学生自由发展的权利，束缚了学生个性的发展，窒息了学生不同的天赋才能。在这种美育的教育下，学生逐渐失去了灵性与锐气，变得没有了个性、没有了特点，更不会创造。长此以往，最终将影响整个民族的精神境界。上述这些问题都从不同角度体现了大学美育原则的缺失，在不同程度上影响了大学生人格的发展与完善。

根据以美成人的美育基本定位，结合当前大学美育原则缺失的现实问题，在高校开展以美成人的美育要注重以下四个基本原则：

（一）乐中施教的原则

美育的乐中施教原则，是指在对大学生进行美育的过程中根据教育的目的、结合大学生的审美特征，有的放矢地对学生进行审美教育，把大学生单纯的生理愉悦转变成渗透着理性的高尚情操的原则。这种寓教于乐、以乐促教的教育方式是审美教育得天独厚的优势。在美育过程中，要坚持乐中施教的原则，要将愉悦教育和形象教育贯穿教育的全过程。

（二）潜移默化的原则

人格的养成不是一蹴而就的，它是伴随人一生的个体养成教育；美育的效果也不是立竿见影的，它需要经历一个长期的培育过程。"学校无小事，事事都育人"，美育应是高校育人中重要的内容，是学校全方位、全过程的教育。因此，开展美育，不能急于求成，揠苗助长，必须坚持潜移默化的原则。美育贯彻的潜移默化原则是指美育在高校应无时不在、无处不在，要使学生的思想、品性或习惯在教育教学及日常生活中不知不觉地受到影响、感染，于无形中发生变化的原则。美育实施中坚持潜移默化的原则包括两方面的含义：一是要实现美育在教育全过程的渗透和贯穿；二是要实现美育在校园文化中的渗透与贯穿。

（三）因材施教的原则

美，说到底是人的一种主观感受，审美是主体性的审美。不同的审美个体在不同的生理和心理机构的基础上，形成了不同的审美需要、审美能力和审美价值取向，每个人对美的理解和认识都各不相同。因此，在开展美育的过程中，我们要尊重这一基本规律，坚持因材施教的原则。美育中的因材施教原则是指在美育的过程中，根据大学生能力、性格、志趣等具体情况施行不同的美育，从而使大学生的人格能够自由、和谐地发展的原则。

尊重大学生审美个性倾向对于促进个体完整人格的构建具有重要意义。从教育学的角度看，因材施教的原则表现出对大学生主体地位的充分尊重及个体身心智能差异的科学态度，以及为学生的后续发展预留了一定的空间。从教育教学的角度来看，从学生实际出发，针对学生不同特点，区别对待，有的放矢地进行教育，使学生按照不同途径、不同条件和方式，取得最佳的教育教学效果。因材施教原则是学生身心发展规律在教育教学中的反映，是符合大学生人格发展规律的基本原则。

（四）循序渐进的原则

美育中的循序渐进原则是指在大学生人格养成的美育过程中，要根据大学生认识发展的顺序，由浅入深、由易到难、由低到高逐步进行的原则。

按照认识的规律，人们对事物的认识总是由感性到理性、由表及里、由此及彼的，学生学习的过程也是如此。以美成人的美育的循序渐进原则就是要求按照由近及远、由简到繁的认识规律来组织教学。大学生在完成了中学阶段的学习后，升入大学进行学习，是从人生的一个阶段进入了另一个阶段。这一阶段的学生一般缺乏实践经验，他们的心理、思想与行为处在从发展中逐渐走向成熟的阶段，他们的审美观有正确的也有错误的，有高尚的也有低级的，有健康的也有畸形的。不良的审美观往往使人无视美、歪曲美，甚至以丑为美，严重影响他们身心正常发展。因此，在审美教育中，首先要进行大学生自然美、艺术美、社会美等欣赏能力的培养，当大学生形成一定的高尚健康的审美情趣时，再发展其审美想象和艺术创造能力，最终使其构建起高尚完整的人格。这个过程是一个循序渐进的培养过程。

首先，要帮助大学生养成正确的审美态度；其次，要帮助大学生提高审美欣赏和判断能力；再次，要培养学生的审美创造能力；最后，要帮助大学生自觉地以美修身。

此外，循序渐进原则还体现在不断反复的美育过程中。细雨润物，贵在不断熏陶，好的艺术品百看不厌，优美的歌声反复传唱，优秀的文学作品流传百世，而每次欣赏都会有新的感受。因此在以美成人的美育的过程中，学生的认识会不断地深化，想象会不断地发展，体会会不断地加深。所以，美育的过程还需要不断地反复、加深，在循环往复中最终实现人格的完善。

二、高校的美育课程建设的方法

方法是"关于解决思想、说话、行动等问题的门路程序等"。在探索的认识中，方法也就是工具，是在主体方面的某个手段，主体方面通过这个手段和客体相联系。

多年来，我国的大学美育在具体教育实践中运用、创造了多种美育方法，并仍在不断发展完善。但我们如果从以美成人的视角审视美育方法，还是会发现一些现实中存在的问题，比如主要教育方法及形式过于单一，重知识传授、轻情感与实践体验；教育过程中教育者、受教育者都有一种急功近利的心态，浮躁短视。表现在现实生活中就是：在激烈的竞争和来自学校和家长的高期望值下，学生只追求高分，结果使一些学生片面发展，出现人格不良。根据先前对于以美成人的美育的基本定位，结合当前大学美育方法的现实问题，在高校开展以美成人的美育要以知识传授、实践体验、环境熏陶、自我教育、情感共鸣和朋辈交流等作为主要方法，并注重以上方法的综合运用。

（一）知识传授法

美育中的知识传授法是指将美育的基本知识或常识直接通过课堂教学等方式向受教育者输送传递的方法，是大学美育中最基本、最常用的教育方法。

知识传授法方式多种多样，主要有知识讲授法、学习宣传法等。一是知识讲授法。知识讲授法是教育者通过口头语言向受教育者传授美学理论的教育方法，这是一种使用最多、应用最广泛的理论教育法。运用知识讲授法必须注意几点：注意讲授内容要正确，讲解的知识、概念应具有科学性；讲解既要全面、系统，同时又要找到理论与实践的结合点；讲解要采取启发式，循序渐进地进行引导，防止注入式、填鸭式。二是学习宣传法。学习宣传法是运用各种传媒方式和舆论方式向学生传授美学理论知识的方法。这种方法主要通过邀请专家给学生进行一些美学知识讲座、读书辅导来宣传美的思想，引导学生的思考。理论宣传法系统性强，覆盖面大，影响范围广泛，它不仅仅影响受教育者，而且能营造良好的舆论环境，促进和引导学生自觉学习。

（二）实践体验法

美育中的实践体验法是指通过组织大学生参与各种审美实践活动，在实践中体验真实的美，从而提高审美能力、促进人格发展的方法。这是一个通过改造客观世界来改造主观世界的过程。一般说来，实践体验法主要包括参加校园活动、劳动实践、参观访问等方式。

实践体验，强调的是受教育者通过亲身体验，在实践过程中形成对美的理论原则的更深刻和准确的认识，提高自身审美、创造美的水平与能力，使个体身心得到和谐发展。体验基于自身的亲身实践，它必由自己的感官、自己的认识领悟、自己的情感和生命体验达成"意义世界"和"价值世界"，最终形成对美的态度。在体验世界中，一切客体都是生命化的，都充满着生命的意蕴和情调。体验可以超越经验达到理性；超越物质，达到精神；超越暂时，达到恒久。

（三）环境熏陶法

美育中的环境熏陶法是指通过活生生美的事物、无形的各种文化，弘扬的主流意识形态，使受教育者在无意识、不自觉的情况下，受到影响、熏陶、感染而接受美育的方法。

青年大学生思想活跃、情感丰富，又有一定的文化科学知识基础，多数学生身上具有诗人的品格和浪漫主义的气质，其情感易被激发。生活环境本身就是他们学习的重要组成部分，与他们联系密切。将审美价值观教育外化到他们熟悉的生活中，运用环境熏陶感染的方法对他们开展教育往往会起到事半功倍的效果。社会、家庭和学校构成了学生生活的整个环境，对于大学生来说，校园是他们学习和生活的主要场所，具有校园特色的人文氛围、校园精神和生活环境是美育的重要环境，同时，也对大学生人格养成具有重要的作用。因此，以美成人的美育中的环境熏陶法的主要载体就是校园文化。

运用环境熏陶法，需要把握以下几个原则：一是形式上要喜闻乐见，要具有一定的吸引力和感染力，才能获得学生情感上的共鸣，达到熏陶教育的目的；二是注重发挥学生的主体性作用，引导和鼓励学生多参与各类文化活动，多创造高水平的文艺作品，让学生在参与和创造中受到感染。

（四）自我教育法

美育中的自我教育法是指受教育者按照审美目标和要求，通过自我学习、自我提升修养等方式发自内心地接受美、欣赏美、创造美的方法。

以美成人的美育中的自我教育法具有自觉性和主动性的特点，是受教育者为了提高自己的审美能力而进行的审美过程。它的主要依据是辩证法中关于外因通过内因起作用的原理。只有包含自我教育的美育才是真正的教育，因为教育者的教育活动只是一种外因，永远不能取代教育者的认识、内化活动和实践外化活动。

自我教育在以美成人的美育过程中具有十分重要的作用，是提高大学生审美水平，完善大学生人格的有效途径。自我教育的作用：一是有利于教育者和受教育者融为一体。以美成人的美育是他育与自育的有机结合。教师的他育是学生自我教育的基础和前提，而自我教育是教师教育效果的关键和保障。自我教育充分发挥受教育者的主观能动作用，使教育者自觉、主动、积极地进行自我学习、自我提升修养，提高了受教育者的审美水平，塑造了大学生健全的人格。二是有利于增强教育者的自我教育能力。"教是为了不教"，受教育者只有具有自我教育能力，才能自立、自为。因此，以美成人的美育的自我教育的过程，实质上是一种提高学生审美修养的过程。在自我教育过程中，学生自我学习、自我发现，逐步增强了当代大学生的审美能力，完善了审美心理结构，提高了人格的协调性。

（五）情感共鸣法

美育的情感共鸣法是指在美育过程中，教师将自己丰富的情感融进美育之中，拨动学生的心弦，使师生在情感上产生共鸣，在认识上达成共识，进而提高教育教学效果的方法。它是融传授知识、提高觉悟、培养能力、完善人格为一体的全方位的方法。美育注重教育对象的情感调动和情感激发，一个人人格的发展，总是一个客观对象逐渐内化为个体情感的过程。由此可见，它就不能单靠说教来达到，更主要的是在情感的熏陶下，在自身的情感体验中得以实现。

在实施以美成人的美育的情感共鸣法的时候，必须坚持和把握好情理交融的原则。这实质上是要求在审美过程中表达出的感情必须是经过普遍认可的能够激发人积极进取、培养人美好情操的情感，不应该是"庸俗之情"。在实施情感共鸣法的过程中要贯彻健康有益、格调高尚的基本要求，启发大学生理性思考，引导学生注重精神和情操的陶冶，牢固树立正确的世界观、人生观和价值观。

（六）朋辈交流法

美育中的朋辈交流法，是指具有相同背景，或是由于某种原因使具有共同语言的人通过平等的对话交流的方式在一起分享信息、观念或行为技能，以实现提高审美能力，促进人格完善的教育方法。

美育是需要受教育者积极参与的一种特殊教育，受教育者主观能动性的发挥程度直接影响美育的效果。而有研究表明，根据大学生生理、心理的特点，学生对朋辈交流的教育质量给予了较高的评价。这主要是由于朋辈交流营造的平等、尊重的氛围，使学生摆脱了老师讲授而形成的学生只能被动接受，并使自我意识受到某种程度的压抑和控制的局面。因此，在某种程度上说，朋辈的交流是最平等的交流，也是最彻底的交流。由于交流者的平等身份，学生可以无所顾忌、畅所欲言，甚至大胆质疑，激烈争论，在毫无保留的互动交流中解惑去疑，修正偏颇，坚定信念。同时，朋辈的交流由于交流的双方具有大致相同的身份、背景，也更能产生情感的共鸣，达到互相的认同，结下深厚的友谊。朋辈交流法还使学生在交流中通过互通有无，丰富自己原有的认知体系，特别是在争论中很容易产生思想火花的碰撞，发现新的理论视角和观点，促使学生进行更深入的思考和研究，启发和培养大学生的创新能力。朋辈交流的这些特点使大学生的审美认知与欣赏能力得到长足发展，使审美的想象力在激烈争论与快速思索中展翅翱翔。同时，由于朋辈交流常常以多个学生的集体参与为特点，会以组合和结队的方式进行，还培养了大学生们的团队合作意识，促进了大学生人格的协调发展。

需要强调的是，开展以美成人的美育，具体方法有很多，不应局限于以上所提到的这些方法。在教育过程中，每一种方法都不可能"包治百病"，每一种方法各有自己使用的条件与范围，各有自己的优势与局限。因此，教育者要注重各种方法的综合运用，使其优势互补，互相促进，形成合力效应，取得更好的教育效果。

第三节　高校美育课程建设的载体与运行机制

一、高校的美育课程载体

"载体"一词最早出现于化学领域。随着科学综合化趋势的发展，"载体"的含义得到引申，扩大到社会科学领域，为众多学科所使用。"载体"观通常被理解为承载知识和信息的物质形体。以美成人的美育的载体就是"能够承载和传递以美成人的美育的内容和信息的形式"。本节试图从基本载体、一般载体、特殊载体和复合式载体四个维度，对以美成人的美育载体体系进行深入剖析和论证。

（一）基本载体：美育课程的课堂教学

基本载体就是以美成人的美育的最根本和最基础的载体。学校的主要教育活动是教学活动，课堂教学是主要的教学活动，因此，课堂教学是学校向学生进行教育的主要形式，也是美育的根本途径和主要渠道。高校美育课程的课堂教学是在科学的教学理念、特定的教育目标、合理的课堂组织安排下开设的，高校美育课程是以美成人的美育的基本载体。

高校美育课程的课堂教学主要包括文学的课堂教学和艺术的课堂教学。文学课堂教学主要包括文学常识教育、文学作品欣赏等内容，使学生通过对文学语言"意向"的把握，接受文学艺术中的审美意识，进行审美的心理建构。文学属于语言艺术，它以语言为基础材料来塑造具体可感知的审美形象，并以此来反映社会生活和表现情感，它生动地描绘现实生活，形象地刻画具有代表性的人物，同时也更为自由地表达了人丰富而复杂的情感世界。它通过文字与语言，让人们运用自己的想象来感知文学形象，认识到最真实的现实世界，感知人类最为美好的情感。文学的审美特征主要在于文学的情感性、形象的间接性、表现内容的丰富性等。文学作品能以美的、生动的形象去感染学生，用美的语言去激发学生，在善与美、情与理、言与行的体验中形成对美的评价能力和创造能力。

艺术课堂主要包括音乐艺术、美术鉴赏、戏曲电影艺术等。高校的艺术教育主要是使受教育者具备基本艺术审美修养的教育。一般来说，艺术修养是在艺术审美实践中逐渐生成的，艺术修养的高低不仅影响到个体人格的发展与完善，而且它本身就是一种社会性的人格素质。音乐教育是艺术教育的一项核心内容。听音乐不仅能解除课程过重造成的疲劳，而且有助于学生理解和消化其他课程。因此，高校对大学生进行综合音乐素质训练教育，要根据学生音乐素质的实际基础，从简单的知识开始，逐步培养，把音乐史、音乐理论、音乐欣赏等与个人的音高感、节奏感、音色感、和声感及音乐的想象力、感受力和表现力等辩证统一起来，使学生真正感受到音乐艺术的"美"。开设音乐课可以指导学生在生活中扬美驱丑，美化心灵，使自己成为具有审美观念和高尚艺术修养的人。美术是一条导向美的殿堂的通道，是学校进行美育的重要学科之一，各种有价值的美术作品，无论是形象地表现自然美景，还是典型地描绘社会生活、鲜明地刻画人物的性格，都可以使人们从它的形象和色调上感受美，体验到愉快或其他健康的情感，加深对生活的认识，激发对生活的热爱。

（二）一般载体：美的校园文化

一般载体是最普遍和最通常的载体。校园文化作为学校教育的重要组成部分，是以美成人对学生进行人格养成过程中的环境、氛围因素，是最普遍的教育载体。校园文化是指学校师生在教育、教学活动中所创造和形成的精神财富、文化氛围以及承载这些精神财富、文化氛围的活动形式和物质形态。

校园文化作为一种特殊的意识形态和群体意识，它客观地存在、变化与发展，它通过特定的人文自然环境的熏陶、渗透和升华，将其长期培育和积淀的传统作风和学术气息等转化为环境中人们共同的观念追求、价值标准、行为规范，从而不断作用于校园文化主体，影响着校园中每一个人的价值观、情感、信仰以及人格的形成和发展。与此同时，校园文化作为一个大系统，本身是一个多层次、多侧面的复合型结构。从构成要素来看，既有偏重于理性的，也有偏重于感性的；既有实用的，也有艺术的；既有动态的，也有静态的；既有观念性的，也有实践性的。这种构成要素的丰富性、多样性，能够对大学生产生美育的协同性作用，多渠道多侧面地影响他们的审美心理，全面地提高其审美感受力、审美鉴赏力、审美创造力等多种审美能力，进而促使其知、情、意等多种心理功能协调发展，最终塑造出健全完善的人格。

（三）特殊载体：教师的言传身教

特殊载体是指在美育的过程中对学生的人格形成、完善起到相对特殊影响作用的教育载体。教师的言传身教是指拥有健康人格的教师，以其真才实学、真情实感和真知灼见等为学生所认可和赞同的思想、道德、意志等内在品质，对学生产生的一种具有同化和影响作用的巨大吸引力，是教师的才、情、智、气质、能力、品质、语言等各方面感染力的综合，是教师的内在品质的外在表现。教师的言传身教对学生的人格培养起着至关重要的作用，是以美成人的学生人格养成的特殊载体。

教育是人与人心灵上最微妙的相互接触。只有人格才能影响到人格的发展。青年学生正处于世界观、人生观、价值观形成的关键时期，他们的身心发育具有复杂化、多向化的特点。教师作为他们学习与跟随的对象，其一言一行都对学生都有着不可忽视的影响力，甚至成为他们模仿的样本。教师的世界观、品行、生活状况及他们对每一事物的态度，都这样或那样地影响着全体学生。可以说，教师的人格是一种影响学生的后天环境因素，对他们人格的发展起到一种长期的、潜移默化的作用。因此，承担着"传道、授业、解惑"使命的教师，绝不仅仅是知识的传授者，更应该责无旁贷地以自己的言传身教影响、指导学生，成为学生的人生导师。对教师来说，观念更新、知识丰富、技巧高超、方法熟练，都无法取代他们具有审美价值取向的人格力量。

教育力源于受教育者的认同。因此，教师要不断加强自身修养，以精湛的专业素养、广博的学科背景、洋溢着审美价值取向的人格魅力，对学生的心灵产生震撼的力量，激发学生对理想的追求，对真、善、美的向往。教师的人格魅力是一种特殊的教育力量，在培养学生的思想品德、行为习惯、美学修养、人格素质等方面，教师的言传身教起着至关重要的作用。历史上许多杰出人物在功成名就后，都念念不忘他们求学时代的老师，甚至是孩童时代的启蒙老师，在他们成长过程中给予的指点和帮助，特别是对教师们高尚的人格所散发出来的无穷魅力无比崇敬。因此，在教学实践中，要重视教师的重要作用，重视教师的人格力量的教育作用。

（四）复合式载体：网络平台和其他学科的美学渗透

复合式载体是指将两个或多个不同类型的美育载体有机联系起来并综合运用，达到和谐配合、优势互补，从而发挥最大教育作用的一种载体。网络是复合式载体的一种重要形式，其他学科的美学渗透也综合了课堂教学和教师言传身教等不同类型的美育载体，属于复合式载体。

1.科学搭建网络平台，推动以美成人的大学生人格的审美化发展

互联网即国际信息互联网络，特指集通信网络、计算机、数据库以及日用电子产品于一体的电子信息交换系统。大学生是一个庞大的网民群体，是我国网络用户的主体。网络技术的迅猛发展也影响了当前的教学模式和学习模式。校园网络在以美成人的大学生人格养成的美育中主要体现在校园网络艺术课程、校园网络艺术氛围和校园网络互动平台三个方面。

第一，网络艺术教育课程。网络课程是网络时代出现的一种新的教学资源，它是通过网页表现，通过网络来使用的，不受时间和空间的限制。网络艺术教育课程一方面为学生提供了便捷的学习系统，只要有一台电脑，学生可以随时随地学习学校的艺术教育课程；另一方面，网络艺术教育课程为学生提供了形象教育内容，利用网络和现代科技优势，可以使各种不同的艺术作品得到形象直观的展现，各种古代珍品、音乐、戏剧等不同风格的艺术都能以虚拟的方式得到充分展现，因而网络课程教学的审美化设计对学生的美育起到事半功倍的效果。

第二，网络艺术氛围营造。传统美育信息源以书籍、报刊、广播等传统媒介存在，信息知识量相对较少，信息内容更新较慢，课堂的吸引力也不强。而网络具有信息量大、信息更新及时及信息资源共享等特点，使人人都可以成为网上信

息的提供者、获得者和拥有者，社会任何群体和个人都可以通过网络实现信息资源共享。

第三，网络艺术互动平台。网络支持的是一对一、一对多、多对多等多种交流模式，因此，它有着传统媒介所不可比拟的优点，为师生提供更广阔的交流学习的互动空间和机会，学生既可能是信息的接收者，也可能是信息的发布者，其核心在于参与，它实现了不同主体之间的交流。网络的交互性使师生之间的关系发生着微妙的变化，教育者与学习者的角色在交流中不断转化，大大促进了人与人关系的和谐。在教学过程中，学生通过网络接收教师传来的教学信息，并将反馈信息即时传回给教师，教师根据学生的反馈信息，对他们的学习做进一步的指导，有意识地引导学生欣赏美、认知美、感受美，通过美的熏陶，调节自身的情绪，增强自尊自信，完善人格。

综上，网络以其便捷性、丰富性、交互性等特点，在学校美育和以美成人的学生人格养成的过程中，发挥了不可替代的作用，包容了课程教育、文化熏染、师生互动等多个教育载体，是学生美育的一个重要的复合式载体。

2.其他学科的美学渗透

美育是一种渗透在所有教育之中的教育，那么，所有课程都应把发现和传播本学科的审美价值纳入教学任务之中，充实新的内容，把美育与哲学、伦理学、美学、社会学、文化学、心理学、历史学、建筑学、工业设计、计算机技术等学科联系起来，结合各专业的特点，加强知识网络结构的系统性，把眼光从狭窄的知识层面移向更广阔的知识空间。在大学生中开展审美教育，是学校各个学科专业、各个教育环节共同的责任，也是在学科专业教育中创造美的教育境界的共同追求。高校美育要主动向学校教育各领域渗透，尤其要渗入学校教育的各类课程的教学之中。特别是对于理工科院校的学生，由于学科特点，这些学生在专业学习中主要以工程技术为研究对象，以抽象思维为主要研究内容。而审美活动以形象思维为特征，可以为想象力的发展提供广阔的空间。但是，一般情况下，工科院校由于学校定位和资源条件的限制，学校的美育课程较少、校园文化活动的艺术氛围不足，因此，理工科的非美育学科的课堂教学审美化，是实施学校美育的一个重要途径。

教师要善于发掘提炼教育教学中的审美因素，并艺术地向学生加以传递。无论是在哪个阶段、哪所学校、哪门课程，总有一些教师的课讲得特别好，听他们的课，是一种美的享受。他们不仅让你感动于他们的讲课技巧，更让你迷恋他们所讲授的学科内容。听他们的课，使你徜徉于学科的宫殿之内，游弋于知识的海洋之中，你只会有精神的愉悦而绝无身心的劳累。这一现象，无可辩驳地说明，任何一门课程都有它自身的美，都有它独特的审美价值。此外，在教学方法上也应增强审美效果。

二、高校的美育课程运行机制

"机制"原主要用于机械学，指"机器的构造和动作原理"，现广泛应用于社会科学领域，指组织中诸多因素之间的内在联系及其运行方式。高校的运行机制是高校系统运行的各构成要素相互联系、相互作用的手段、方式及原理，也是保证学校内部主要工作目标有效运作的基本程序和手段。建立科学有效的管理机制是美育与大学生人格养成教育得以规范有序、富有成效开展的基础性工程。

（一）建设校院两级"齐抓共管"的大学生美育领导机制

领导是指指挥、带领、引导和鼓励部下为实现目标而努力的过程。领导机制是以美成人的美育工作运行的"龙头"，领导机制是否完善，直接影响着教育工作的落实与否。传统的高校教学管理组织结构往往是金字塔形的结构，是一种垂直的直上直下的等级模式。所谓"齐抓共管"就是指为加强和改进大学生美育工作而确立的一种组织领导及工作运转的机制，是使具体的教育工作落到实处的重要条件。因此，基于领导机制在美育工作运行过程中的重要作用，探讨建设校院两级"齐抓共管"的大学生美育领导机制更显其特殊的重要性。

（二）建设以"学科建设"为依托的大学生美育动力机制

以美成人的美育发展动力机制，来自高校美育学科的建设和发展。科学理论指导伟大实践，美育实践在高校的发展也同样需要强大的理论指导。高校要充分认识美育理论对大学生美育实践的重大指导作用，自觉加强美育学科建设，推动大学生审美教育工作的健康发展。

1.高校要自觉加强美育学科建设

美育是一门新兴的交叉边缘学科，它有赖于美学、教育学、心理学、文艺学、文艺美学、脑科学等多门学科的共同关注，才能架构起美育的学科理论体系。美育学科的特有属性，还强调理论与实践的结合。然而，现代美育理论的研究存在两方面严重脱节的突出问题，即缺乏理论的具体性与经验的抽象性。高校汇集了各门各类的高级研究人员，是理论研究和知识创新的重要场所，同时又是实施美育实践的现场，具有建设美育学科得天独厚的条件。因此，高校要充分重视美育学科的建设，引导和组织相关学科科研人员联合攻关，系统研究美育学科的一般规律、本质特征、功能任务、方式方法等基本问题。同时，提供学科建设所需的经费、人员、场所、设备等必需的基本条件物质保障，支持并推动美育学科的建设与发展，以此来逐步建立起高水平的美育学科，使高校以美成人的美育实践工作在系统、完备的理论指导下，获得无穷的发展动力。

2.借助学校现有学科优势建设美育课程

在当前美育学科建设尚处于发展阶段过程中，高校美育实践不能等待和观望，要紧紧依赖并整合现有学科实力，开展美育实践活动。美育必须把人的精神解放与审美人生观的培养、审美力的培养、学生素质的全面发展以及科学教育和人文精神结合起来，把以美成人的学生人格养成作为美育的最终归宿，作为美育发展的终极目标。因此，高校必须沿着素质教育的方向，借助学科研究优势，以全体学生为教育对象，以古今中外美学思想、文艺学思想、教育思想和现实教育实践为基础，以数字信息化传媒为手段，构建具有中国特色的、具有新的内涵的美育课程。要以学科建设为主体，统筹学校的美育工作，有计划、有步骤地推进美育课程建设工作，把文艺理论、教育学等专业课程作为美育实施的重要手段和内容，完善美育课程建设，并辐射到其他学科领域，渗透到学校教育的方方面面。与此同时，要将小说、戏剧、诗歌、音乐、绘画等艺术的欣赏和创造作为美育理论课程的补充形式，通过具体而生动的审美实践活动，提高大学生的审美鉴赏能力和审美创造能力，实现情感的满足和升华。

（三）建设"全员、全程、全方位育人"的大学生美育保障机制

以美成人的保障机制作为高校美育运行机制的一个子系统，主要是指为了实现高校以美成人的美育目标，由美育系统内部起保障作用的各要素之间，通过相互联系、相互作用、相互制约而构建起来的工作体制、管理规范和工作方式。由于美育涉及学校教育的各个方面，它应贯穿于学校教育的全过程，落实在教学、管理、后勤服务等各个环节上，各部门也应当充分发挥自身优势，主动、自觉地把美育渗透到各自的工作之中。美育绝不等于开设几门艺术课程，它应该融合于整个教育体系，贯穿于整个学校的全部教育之中，存在于诸学科的内容与形式的一切方面和一切环节。学校的所有教育环境都应当发挥自身优势，主动、自觉地

把美育与大学生的人格培养渗透到各自的工作之中，融合于整个教育体系，建设"全员、全程、全方位育人"的大学生美育保障机制。

1.创建大学生美育"全员育人"的教育体系

"全员"即包括学校领导、教师、管理人员和服务人员等各层面全体人员在内的全员教育体系。首先，在领导层面要充分重视。在美育与人格素质教育过程中，领导者的决策决定了教育的实效，领导的重视为学校美育活动的具体实施提供了坚实的基础、有力的支持和多重的保障。领导要从发展大学生美育的角度，重视学生的全面发展，对学校的发展进行整体规划，提高校园文化的导向性，避免各种校园文化活动的盲目性，促进校园文化建设的整体推进。其次，在教师层面要不断提高美育课程的教学质量。通过丰富多彩的课堂教学活动，为学生创造感受美、欣赏美的环境和机会，让学生了解人类艺术发展的历史和优秀的艺术作品，掌握艺术基础知识和基本技能，具备艺术审美的基本能力，并在此基础上，以艺术教育特有的方式，开发学生潜能，展示个性，培养创造精神和实践能力。再次，在管理、服务层面上着力塑造"美"的环境。采取有效措施，提高管理、服务工作人员的美学修养，鼓励工作人员以优雅的环境、优美的语言、优秀的管理和优质的服务面向学生群体，身先示范，为学生营造"美"的环境，树立"美"的形象。学校管理人员要体现育人导向，把严格日常管理与引导大学生遵纪守法、养成良好习惯结合起来；后勤服务人员要努力做好后勤保障，使大学生在优质、贴心的服务中受到感染和教育。最后，在学生骨干层面上要加强学生的自我教育，营造良好的校园文化氛围。学生骨干是学生中的特殊群体，开展大学生美育和人格素质教育，学生骨干的作用不可忽视。因此，在教育实践活动中注重对学生骨干群体的思想引导、理论指导和行为督导，充分肯定学生骨干的能力，发挥其表率作用，带动广大学生群体参与到人文素质培养、美学鉴赏能力提高和人格完善的活动中来。

2.搭建大学生美育"全程引导"的教育平台

"全程"即符合大学生人格发展规律的美学修养的培养和提高的全过程。大学生人格养成的长期性决定了其审美修养教育的全程性，决定了它必须贯穿从学生入学到毕业的全过程。同时，在学生整个的大学学习生活期间，美育也不是一成不变的，它还具有阶段性的特点。因为，不同的人存在着能力、气质、性格、兴趣、动机和价值观等差异，这种差异既与各人的先天素质有关，也与其后天的经验和学习有关。这就决定了教育的具体实施要依据不同教育课题的实际状况和客观需求，根据不同年级、不同性别学生的思想观念差异、心智成熟程度以及面临的现实问题等有的放矢地进行教育。因此，大学生美育要依据不同群体在不同阶段的特点，开展分阶段教育。

3.构建大学生美育"全方位促进"的教育环境

"全方位"即全方位构建大学生美育与人格素质教育的软、硬环境。寓美育于智育之中，通过通识课、选修课以及讲座、报告等课程体系，指导学生如何鉴赏美、辨析美，使学生掌握美学的基本理论知识和基本技能；而后通过各类学生活动，在实践中引导学生、鼓励学生，为学生搭建创造美的平台；最后，关注校园的软环境和硬环境建设，着力加强校风、学风建设，使学校的历史传统、精神氛围、理想追求、人文气象等集中反映学校的优良传统和独特风格；使校园的各种建筑，教学科研、文化设施、生活设施以及校园里湖水、草地、花坛、道路等硬件工程合理布局、建构优雅、品位高尚，在学校构造全方位尚美、求美、创美的大环境。

（四）建设以"个性化评价体系"为依托的大学生美育评估机制

美育从学科发展的角度，要具备相应的评估机制，但因美育学科的特殊性，其评价体系应具有个性化的特征。教育评价是一种获取和处理用以确定学生水平和教学有效性的方法，是简述教育终极目标的一种辅助手段，是确定学生按这些理想方式发展到何种程度的一种过程，是教育研究与实践的一种工具，是一种反馈—矫正系统。综合来讲，教育评价就是根据一定的教育目的和标准，采取科学的态度和方法，对教育工作中的活动、人员、管理和条件的状态与绩效，进行质和量的价值判断，以促进教育的改进与发展。而个性化评价就是允许学生用自己的方式完成所给予的任务而产出语言的一种评价方法。这类评价因其具有与所学的课程直接相关并融入其中以及它对整个学习过程的跟踪评估的特点，特别适合对学生的学习策略、情感策略、文化意识等方面做出评价。美育的教育目标主要是使每个学生的艺术能力和人格水平得到整合发展，是一个多元的结构体系。由于学生的情感态度与价值观、方法能力及行为习惯等具有个体性、程度差异性以及内隐于心的特点，每个学生的学习都是一个动态的充满灵气的个性活动，很难简单地用一种评价反映出评价对象的不同特点。因此，美育评价也应该呈现出个性色彩，突出艺术的特色性。

（五）建设以"教师美学修养提升"为前提的美育队伍建设机制

在学校教育中，教师为人师表，教师的形象对学生具有耳濡目染、潜移默化的影响，当教师作为审美对象存在时，也必然以其外在和内在的统一为审美的标准。因而，提升教师、管理人员的美学修养，加强这两支队伍的建设，对提高高校大学生美育工作的实效性具有重要作用。以下主要从内在美、外在美和教育技能美三方面进行探讨：

1.内在美的提升

人的内在美是指人的内心世界的美，是人的思想、品德、情操、性格等内在素质的具体体现，所以内在美也叫心灵美。它包括人生观、人生理想、思想觉悟、道德情操、行为毅力、生活情绪和文化修养等。内在美反映人的本质，一个人有了内在美，便可以在精神上放射出美的光辉，进而体现为外在美。高尚的人格和职业道德，丰富的专业学识和艺术修养，构成教师和管理人员的内在美。教师和管理人员的内在美直接或间接地影响着教师的教育教学和管理活动，它通过各种途径、方式渗透到教学活动中去，影响着教学的效果和质量。

2.外在美的提升

教师和管理人员的外在行为修养，主要体现在他们在教育教学和工作中表现出仪表美、举止美和言语美三个方面的美学修养。

首先，教师和管理人员要具有仪表美。作为审美的主体，教师、管理人员要能够感知美、认识美并能够在工作中创造美；而作为审美的客体，教师和管理人员则以其自身成为美的载体，即所谓的仪表美。因此，教师和管理人员的服饰应该有鲜明的职业感。从审美意义上看，教师服装要体现简洁明快、端庄稳重、大方雅致的特点。教师"为人师表"，其本身便是学生的榜样和模仿对象。因此，在着装时，既要考虑与学校环境和教育氛围的协调，还要兼顾社会对教师修养等方面的要求。教师的服装既要给人以美感，还要尽量衬托出教师个人的自然美，突出教师的性格特点与内在的为人风范。其次，教师和管理人员要具有行为、举止美。教师在教育实践活动中，要通过优雅的言行举止和仪态风范，表现出教师丰富的教学阅历、扎实的专业学术知识、深刻的思想内涵、对人生独到的理解等。这样，才能得到学生的敬佩和崇拜，使学生从心里感受到教师的"美"，一种内在的本质的美，也即教师的智慧之美。最后，教师和管理人员要具有言语美。从语言艺术的角度来看，富有魅力的教师不仅是由于他们对于社会、人生的智慧的洞观，更在于他们有能力用美的语言去拨动学生的心弦。因此，教师不仅拥有着深邃智慧的精神世界，也必定以外在的言语表现力、教学风范等感染学生，教师流畅、准确、幽默的语言表达能力，富有美感的教学语言，往往会促进学生感受美、领悟美、联想美，进而去追求美，从而得到学生的认可与喜爱，与学生产生情感的共鸣。

3.教学、管理技能美的提升

教师和管理人员的身份角色和职业特点，要求他们在工作中要注重提高自身的教学、管理技能美。

首先，教师要提高教学技能美。教育是科学，又是一门艺术，所谓教学艺术，亦即教学引导，是指在教学实践中体现美学特征，并能给人以审美感受。有学者认为教学具有三重性：科学性、思想性和审美性，分别对应教学的"真""善""美"。其中，教学的审美性即指教学活动本身所具有的特性之一。因为事物的特点和功能紧密相连，故教学的审美性使教学过程具有审美功能。教学的审美性特点与审美功能的发挥，是教师的教学能够产生引人入胜的审美魅力的源泉。教学美是教师根据教学规律和美的规律创造出来的，是教师智慧的结晶，是教师精湛的教学艺术的展现。一方面，教学过程具有和谐美。教学过程是由教和学双边活动的协调统一所形成的，教师要尊重学生的主体地位，让学生得到自主、全面、和谐、可持续的发展，实现多种心理能力的协同作用，充分发挥想象和情感的作用，实现理性因素和非理性因素的交流，从而形成一种活跃、生动的教学气氛。另一方面，学习内容具有充实美。教学内容的丰富性是教学美的一个极其重要的方面，这不仅是因为教学内容本身十分丰富，包括科学基础知识范围的教学内容、道德社会知识范围的教学内容、劳动技术范围的教学内容、艺术范围的教学内容以及体育运动范围的教学内容等，还因为这些内容在一定程度上又是相互渗透和交融的。在教学内容的丰富美中，既有从人类文化知识体系中直接迁入的丰富的艺术美、社会美、自然美、科学美的内容，也有部分经过教师和学生加工改造之后而具有美的特征的内容，这主要是使真的内容、善的内容获得美的形式。

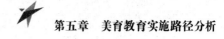

其次，管理人员要提高管理技能美。管理人员在管理工作中，特别是在与学生进行交流的时候应当注重沟通的技巧，良好的交流与愉悦的氛围有利于工作的开展和对学生的培养。在管理工作中，管理人员也要注意方法创新，时常了解和掌握学生的思想动态和需求，采用学生喜欢和乐于接受的方式高效地开展管理工作，就会在工作中获得学生的尊重和认可。

参考文献

[1] 徐若梦. 美育漫谈[M]. 北京：九州出版社，2022.

[2] 彭富春，陈晓娟. 美育研究第1辑[M]. 武汉：华中师范大学出版社，2021.

[3] 周翠. 高校美育德育的当代发展研究[M]. 北京：中国纺织出版社，2021.

[4] 刘英，袁向东，曾佳. 新时代大学美育全彩版[M]. 上海：上海交通大学出版社，2021. 08.

[5] 邓韵. 马克思主义理论教育中的美育实践研究[M]. 武汉：湖北美术出版社，2021.

[6] 陈琦，李佳. 以美化心以美育德高校审美教育研究[M]. 长春：吉林人民出版社，2021.

[7] 陈斌蓉. 大学美育[M]. 长沙：中南大学出版社，2021.

[8] 郑萼. 美育经典导读[M]. 北京：高等教育出版社，2021.

[9] 李凌. 自然的美育[M]. 北京：清华大学出版社，2021.

[10] 肖立军. 新美育实践研究[M]. 长春：吉林人民出版社，2020.

[11] 柯汉琳. 大学美育[M]. 广州：广东高等教育出版社，2020.

[12] 费仁英，蔡晓静. 高校公共艺术课程中舞蹈美育的价值审视及融合路径 [M]. 北京：北京工业大学出版社，2020.

[13] 马维林. 美育课程论[M]. 北京：北京师范大学出版社，2020.

[14] 高静，姚伟钧. 大学生美育导论[M]. 沈阳：辽宁大学出版社，2020.

[15] 周玫. 大学生美育问题研究[M]. 贵阳：贵州科技出版社，2019.

[16] 王凤雷. 高校美育课程发展及演变研究[M]. 长春：吉林大学出版社，2019.

[17] 汤旭梅. 大学美育理论及其教育实践研究[M]. 北京：中国书籍出版社，2019.

[18] 王军莉. 寓教于乐潜移默化高校美育实施路径研究[M]. 北京：九州出版社，2019.